EL OTRO PAREDÓN

ASESINATOS DE LA REPUTACIÓN EN CUBA

Rafael Rojas / Uva de Aragón /
Juan Antonio Blanco / Ana Julia Faya /
Carlos Alberto Montaner

eRIGINAL
Libros *Books*

Publicado por Eriginal Books LLC
Miami, Florida
www.eriginalbooks.com
eriginalbooks@gmail.com

Primera Edición: Mayo, 2011

ISBN-13: 978-1-61370-997-9
Library of Congress Control Number: 2011928791

ÍNDICE

PRÓLOGO
EL ASESINATO DEL HONOR

El honor es algo que muchas personas valoran más que la propia vida. A lo largo de la historia no han faltado individuos que se han enzarzado en duelos a muerte por cuestiones de honor. No pocas naciones entraron en guerra con otras, o aniquilaron sectores enteros de su población para supuestamente proteger el honor patrio o el de una raza.

¿Qué trascendencia tiene el asesinato deliberado del honor de una persona, grupo social o institución? ¿Qué implicaciones pueden llegar a tener esas acciones cuando responden a iniciativas de un gobierno con suficientes recursos para ejercer ese tipo de terrorismo de estado? *El otro paredón* examina este tema a la luz de la experiencia cubana durante las últimas cinco décadas.

¿Por qué incursionar ahora en el tópico de los asesinatos estatales de reputación fomentados por el gobierno cubano? ¿Por qué hablar de Cuba y no sobre lo que sucede en relación con este tema en otra parte?

Porque nos acercamos a un momento crítico de la sociedad cubana. De una manera u otra parece inevitable que diversos procesos de cambio tengan lugar en la Isla. Pero es necesario recordar que no siempre los procesos de transformación social ocurren de manera rápida y completa. La experiencia nos dice que las sociedades cerradas a veces llegan a transformar con rapidez aspectos simbólicos que están en la superficie, pero el antiguo régimen subsiste en estructuras más profundas, como las mentalidades, prejuicios y conceptos, que quedaron sembradas en el subconsciente, incluso en el de sus opositores.

La reunificación de la nación cubana no solamente requiere del fin de las leyes del destierro y de la instalación de un Estado democrático de derecho en la isla, supone además que se erradiquen los prejuicios que mantuvieron dividida a su sociedad. La reconciliación nacional no puede materializarse a plenitud mientras haya un grupo significativo de personas que, aun sin ser simpatizantes del actual régimen, continúe suponiendo que las víctimas tuvieron problemas «porque se los buscaron», los que se fueron perdieron todo derecho porque «abandonaron su país», o que los que se dedican a la empresa privada o actividades políticas lo hacen «porque son unos aprovechados o ambiciosos».

Estos artículos y breves ensayos le brindan al lector una aproximación al modo deliberado en que por medio siglo el Estado cubano ha construido mentalidades que, en nombre de la justicia social y el nacionalismo, han facilitado de hecho a una elite el ejercicio absoluto del poder. Cinco décadas en que ha funcionado una maquinaria, que integra sistemas de propaganda, cultura y educación, dedicada al fomento de prejuicios sociales contra todos aquellos que desde la derecha o la izquierda no fuesen afines a los intereses y propósitos de esa elite.

En este libro el asesinato de reputaciones no es equivalente al que pueda desarrollar un partido político de oposición contra el gobierno o un grupo de consumidores insatisfechos contra un restaurante. No estamos hablando de difamaciones personales o críticas institucionales. Nos referimos a una forma organizada de terrorismo estatal orientado hacia la deliberada y completa destrucción de la credibilidad de una persona, grupo o institución.

En la desaparecida Unión Soviética la KGB estaba encargada del diseño y ejecución de campañas de descrédito contra aquellas personas clasificadas como «antisoviéticas». El propósito, entre muchos, podía ser la destrucción de la credibilidad de un político extranjero, el cuestionamiento de las motivaciones e integridad personal de un conocido disidente, o la forja de dudas sobre la sinceridad de alguna persona que hubiera desertado con información valiosa, a quien era necesario desacreditar para que aquella fuera desestimada.

La compilación de documentos de los archivos de la KGB publicada por Christopher Andrew y Vasili Mitrokhin (*The Mitrokhin Archive*, 1999, pp. 421-422) contiene una larga lista de orientaciones impartidas personalmente el 22 de noviembre de 1975 por Yuri

Andrópov, entonces director de esa institución, para cuestionar el otorgamiento del Premio Nobel de la Paz a Andrei Sajarov. La KGB no se detuvo ante ningún escrúpulo: implementó, desde la distribución de un supuesto telegrama de felicitación enviado al científico por el dictador chileno Augusto Pinochet, hasta la fabricación de historias sobre su esposa que la presentaban como una oportunista que seducía hombres influyentes de mayor edad para su propio beneficio.

Las numerosas instrucciones a centenares de oficiales de la KGB —bien actuasen como diplomáticos o de modo encubierto— y a las redes de agentes que ellos dirigían, incluían buscar el modo de diseminar rumores en medios de prensa, programas de radio y TV, medios culturales, científicos, políticos y diplomáticos. Según afirman Andrew y Mitrokhin en su libro (p. 632), a fines de los años 80 disminuyó considerablemente la capacidad de acceso de la KGB a los principales medios de prensa occidentales.

En Cuba las técnicas más refinadas del asesinato estatal de reputaciones fueron aprendidas de los «hermanos socialistas». Para aplicarlas se construyó un engranaje específicamente dedicado a concebir actividades de ese tipo en el Ministerio del Interior y coordinarlas con diversas dependencias civiles dentro del Partido Comunista de Cuba y el gobierno.

Con el advenimiento de la Web 2.0 el gobierno cubano descubrió el potencial de esa herramienta para las campañas de asesinato de reputaciones y siembra de «medidas activas». En la era de la comunicación global no resulta imprescindible cortejar periodistas, editores o cineastas. Basta con organizar una red de solidarios agentes de influencia que construyan blogs, cuelguen comentarios en los artículos publicados en la Red por los principales medios de prensa de formato digital, o suban documentales en YouTube. Los nuevos programas para procesar digitalmente textos e imágenes hacen innecesario tener un amplio cuerpo de especialistas para falsificar documentos y fotos. El asesinato de reputación emplea ahora las técnicas del marketing viral. Con un grupo de abnegados *cyberpolicias* operando desde Cuba y sus respectivos colaboradores en el exterior, es posible multiplicar los enlaces hacia mensajes negativos sobre esta o aquella persona «sembrados» por la maquinaria de propaganda estatal en diversos puntos de la Red de Redes.

En la Isla el diseño de estos asesinatos de reputación *on line* toma a menudo la forma de anillos concéntricos de desinformación, que se construyen artificialmente para multiplicar un mensaje manufacturado por la maquinaria de propaganda y diseminarlo por Internet, como si fuera una bola de nieve virtual. Basta con escoger a un escritor nacional dispuesto a «cooperar» con estos menesteres, y solicitarle que publique un libro o artículo, para lanzar la difamación original. Luego este mensajero es aupado por los medios de comunicación locales, y alguna que otra institución oficial le otorga un premio cultural, periodístico o académico. Con esos pasos queda construido el primer anillo de naturaleza todavía local para el asesinato de reputación. Más tarde se construye un segundo anillo para la exportación del mensaje con personas «solidarias» que ostenten otra nacionalidad y estén radicados fuera de Cuba. Así se intenta otorgar cierta credibilidad a la acusación original. El éxito de esas operaciones se inicia cuando personas o medios ajenos a cualquier simpatía por el gobierno cubano recogen inadvertidamente el mensaje, bajo el falso supuesto de que con tantas fuentes que lo respaldan no es necesario comprobar su veracidad u origen.

Alguien pudiera pensar, acertadamente, que denigrar a un oponente político es después de todo una práctica bastante extendida en las principales demo-cracias del mundo. Pero no es igual el impacto de una campaña impulsada desde el estado que la que impulse un individuo.

La destrucción estatal de reputaciones, que pro-mueven los mecanismos culturales y de propaganda política, puede llegar a tener consecuencias de gran magnitud. ¿Cómo comenzó la colaboración de las masas con crímenes de lesa humanidad y el genocidio en sociedades tan diferentes como Alemania y Ruanda? ¿Cómo se hicieron factibles los desmanes de la Revo-lución Cultural china o el genocidio en Camboya?

Uno de los más tempranos indicadores de que una sociedad ha retirado los frenos a la perpetración impune de crímenes e incluso masacres es cuando el

Estado favorece, o promueve de forma directa, una campaña dirigida a destruir la dignidad y reputación de sus adversarios, y la sociedad asume sus premisas sin cuestionarlas. La movilización para destruir la reputación del adversario es el preludio de la movilización de la violencia para su aniquilación. La deshumanización oficial siempre ha precedido la agresión física de las víctimas.

Cuando personas decentes comienzan a participar o mostrar indiferencia hacia la ejecución de acciones indecentes se inicia una degradación ética generalizada. Desde el poder se difunde una moral oficial que niega valores éticos universales. Bajo el nuevo canon moral propinar una paliza colectiva a un «enemigo» inerme se transforma de cobardía en virtud. El «hombre nuevo» es ante todo definido por la aceptación del principio de obediencia incondicional al poder. Estar dispuesto a morir por la causa es ante todo disposición a matar al prójimo si el líder así lo dispone.

Aunque en un lugar los llamen «cucarachas» (Sierra Leona), en otros «ratas» (Libia), o «gusanos» (Alemania nazi, Cuba) el denominador común de estas sociedades es la de presencia de líderes cuya sabiduría no puede ser cuestionada. Ellos liberan a las masas de todo sentimiento de culpabilidad al ser llamadas a infligir abusos físicos o sicológicos, torturas o incluso la muerte a otro ser humano.

Es por ello necesario tomar nota de que en el caso del gobierno cubano la justificación de cada acto de crueldad ha venido sazonada con adjetivos peyorativos hacia las víctimas. Orlando Zapata Tamayo, muerto en prisión a consecuencias de una prolongada huelga de hambre, —en protesta por el trato inhumano que le dispensaban sus carceleros—, no merecía piedad por ser supuestamente un «delincuente». El disidente Guillermo Fariñas, quien emplazó al gobierno a liberar a los presos políticos en delicado estado de salud con otra huelga de hambre, no merecía el Premio Sajarov del Parlamento Europeo porque era otro pretendido «delincuente». Las Damas de Blanco, que desfilan por las calles de Cuba portando gladiolos en reclamo de la libertad de sus familiares son «mercenarias», por lo que nadie debe ruborizarse si una turba las rodea e insulta durante horas o agrede a alguna de ellas. Los exiliados políticos son «mafiosos» por lo que no deben gozar del derecho a volver a radicarse en su país o entrar a él libremente. Los que repudiaron el socialismo cubano y se marcharon en masa por el puerto de El Mariel eran «escorias». Los *bloggers* y periodistas independientes que escriben sobre la dura realidad de la sociedad cubana son «provocadores que facilitan una intervención militar extranjera».

Esa extrema retórica política es «avalada» mediante la fabricación de «medidas activas» contra los disidentes —rumores, documentos falsificados, invitaciones de agentes infiltrados entre los opositores a cometer alguna acción que facilite encausarlos o desprestigiarlos— y otros trucos similares. De ese modo personas o instituciones que ni siquiera profesan simpatías por el régimen cubano llegan a aceptar inconscientemente sus premisas del mismo modo que a otras personas pudieron antes hacerles creer que Pinochet era amigo de Sajarov.

Un caso significativo es el del asesinato de la reputación de los llamados «marielitos».

Fidel Castro intentó desdibujar el fracaso que después de dos décadas de socialismo suponía el éxodo masivo de unos 125,000 cubanos por el puerto de El Mariel. El líder cubano mezcló en los barcos que recogían a los potenciales migrantes a presos comunes e individuos con antecedentes penales, con personas y familias decentes, y acusó a todos de ser escorias y delincuentes. Pero el mito de que personas honestas —que luego demostraron su honradez y laboriosidad— constituían una amenaza a la seguridad pública de Estados Unidos, solo llegó a arraigarse cuando Hollywood produjo *Scarface* con un artista de primera línea como Al Pacino. Su violento personaje, Tony Montana, devino en el imaginario público en representación simbólica de todo «marielito». Con *Scarface*, inadvertidamente, Hollywood coronó el trabajo que había iniciado el gobierno cubano contra los que optaron por marcharse por El Mariel.

El camino de la reconciliación nacional será mucho más difícil y empinado sin cuestionar los mitos de la propaganda de odio y desnudar los asesinatos estatales de reputación. Este libro es por ello oportuno y pertinente como lo fue la iniciativa de dos universidades que inspiraron su publicación. El 15 de noviembre de 2010 el Instituto de Estudios Jurídicos Internacionales de la Universidad Rey Juan Carlos de Madrid y el Instituto de Investigaciones Cubanas de la Universidad Internacional de la Florida organizaron un evento sobre Historiografía y Política en el que se analizó el tratamiento otorgado a ciertos hechos, personas y grupos sociales por la historiografía oficial cubana desde 1959. Esta compilación recoge, ampliados, los análisis de tres ponentes de aquel evento: Rafael Rojas, Uva de Aragón y el autor de este prólogo.

Rafael Rojas, destacado intelectual y el historiador de las ideas cubanas más descollante de su generación, centra su análisis en la manera en que el régimen cubano ha desplegado desde temprano un esfuerzo deliberado por construir una historiografía oficial que contribuya a legitimarlo. En esa faena nunca ha vacilado en relegar al olvido o asesinar la reputación de cualquier persona o de aquello que resulta inconveniente a la versión oficial.

Como indica el destacado intelectual cubano: «La historia oficial procede, pues, por medio de una selección ideológica y moral de los actores del pasado, en la que son recordados los que integran la genealogía del poder y caen en el olvido los que no formaron parte de la misma. Dicho relato funciona, en buena medida, como un tribunal del juicio final, que decide la suerte de los sujetos históricos y los distribuye entre infierno y paraíso, memoria y olvido».

Uva de Aragón, reconocida escritora del exilio histórico cubano, para quien la ausencia de odios y la prédica por la reconciliación ha sido una constante, analiza el modo en que la clase política pre revolucionaria fue demonizada, incluso antes de 1959, y el modo arbitrario en que sus reputaciones —incluida la de su segundo padre, el Dr. Carlos Márquez Sterling, quien presidiera honorablemente y con gran equidad la Asamblea Constituyente en 1940— fueron agredidas con toda la fuerza y recursos del Estado revolucionario.

Márquez Sterling se granjeó tempranamente el odio personal de Fidel Castro cuando intentó hasta el último minuto buscar una salida política a la crisis de 1958. Creía en los votos, no en las balas. Por eso el Movimiento 26 de Julio de Castro intentó asesinarlo en más de una ocasión. Sin mostrar nunca una sola evidencia, la historiografía oficial cubana ha insistido desde 1959 en mancillar a un hombre que murió, humilde y honrado, en el exilio.

El estudio sobre el empresario Amadeo Barletta muestra el modo en que el gobierno cubano también se valió del asesinato de reputaciones, para justificar la confiscación de los bienes de empresarios que no se enriquecieron con el *batistato* y luego para contrarrestar desde 1989 el escándalo causado por operaciones de narcotráfico en que se vieron envueltas las estructuras militares cubanas.

El escrutinio riguroso de numerosas fuentes documentales, demuestra la falsedad de los argumentos empleados por las campañas contra este exitoso inmigrante italiano, cuya visión y laboriosidad le permitieron reconstruir sus negocios después de haberlos visto gravemente afectados en cinco ocasiones por un desastre natural, tres dictadores y una guerra civil.

Otros dos autores, Ana Julia Faya y Carlos Alberto Montaner, exponen el modo en que, —aun partiendo desde tradiciones intelectuales opuestas, marxista y liberal—, ambos han sido acosados por esta modalidad de terrorismo de estado que es el asesinato de reputaciones.

Faya, como simple miembro del Departamento de Filosofía de la Universidad de la Habana, fue acusada junto al resto de aquel colectivo por Raúl Castro de ser agente consciente o inconsciente de la CIA, de *diversionismo ideológico* y otras lindezas que podían costar cárcel y fuertes sanciones en la Cuba de 1971. La misma historia se repitió en el Centro de Estudios de América, al que también perteneció Faya, donde sus integrantes fueron acusados en 1996, de nuevo por Raúl Castro, de crímenes ideológicos similares a los imputados en 1971 a los profesores universitarios de Filosofía.

Ana Julia Faya exigió en una carta a Fidel y Raúl Castro que les ofrecieran excusas públicas a los académicos del CEA por las acusaciones que lanzaron contra ellos y nunca pudieron probar. Hasta hoy no las han recibido. En su lugar, el Ministerio de Cultura ha intentado borrar aspectos simbólicos de campañas pasadas, lo cual no deja de ser positivo; pero mientras no se reconozca ante la sociedad el modo en que realmente se urdieron y ejecutaron esos atropellos, y no se erradiquen las circunstancias que los hicieron posibles, se mantiene latente la misma amenaza sobre nuevas víctimas.

El caso de Faya demuestra que si bien muchos, como Montaner, han sido perseguidos por sus ideas liberales y militancia anticomunista, a otros se les ha acosado —y se ha intentado también asesinar su reputación— por su interpretación heterodoxa del socialismo y el marxismo.

El caso de Carlos Alberto Montaner es emblemático en el tema que nos ocupa. Contra él han diseminado, con curiosa obsesión y constancia, un cúmulo extraordinario de las más diversas acusaciones.

El destacado intelectual, escritor y político oposicionista cubano ha devenido para la mitología castrista en algo semejante al monolito negro que representa a Satán en la Meca y al que todo buen seguidor del Islam debe peregrinar al menos una vez en su vida para lanzarle piedras. Al «buen revolucionario» no se le exige que discrepe racionalmente de Montaner —lo cual es siempre un derecho y contribuye a enriquecer las perspectivas de los lectores— sino que lo odie, acuse, insulte e increpe.

Un día lo acusan de asesinar curas de izquierda, otro de la persistencia del embargo estadounidense, otro más de ser el responsable del otorgamiento de reconocimientos internacionales a la *blogger* cubana Yoani Sánchez, y muy pronto será también de la última sequía que afecta a la isla. El propósito de esa campaña contra Montaner —que recuerda las seguidas por la KGB contra los más eminentes disidentes soviéticos— no es otro que el de desacreditarlo y aislarlo en un esfuerzo por contrarrestar su influencia internacional.

Lamentablemente existe todavía un sector de la izquierda cuya ingenuidad e intolerancia ideológica lo convierte en colaborador natural de los asesinos profesionales de reputaciones. Son el tipo de personas que de llegar al poder perseguirían con igual saña a Montaner que a quienes —como le ocurrió a Ana Julia Faya en Cuba— se atrevan a disentir en sus propias filas. Para ellos la defensa del mercado y la democracia liberal que hace Montaner es delito suficiente como para aceptar *prima facie* cualquier acusación en su contra, y la insumisión ideológica de Faya equivale a apostasía. El asesinato del poeta Roque Dalton, también acusado de agente de la CIA por aquellos a quienes estorbaba, es un ejemplo de a donde se llega por esos caminos.

A académicos y poetas marxistas los acusan de ser agentes conscientes o inconscientes de la CIA y a Montaner de pertenecer a esa agencia. Lo cierto es que nunca se han preocupado demasiado por probar una cosa o la otra, pero eso poco les importa. En los países totalitarios no es la fiscalía la que ha de probar la culpabilidad del acusado, sino este el que tendrá —por lo general, inútilmente— que intentar demostrar su inocencia. En cualquier caso, tras medio siglo de lanzar esa acusación contra numerosas personas de reconocida reputación —como hicieron desde la década de los sesenta contra figuras como K.S. Karol y Oscar Lewis— el argumento ha venido perdiendo eficacia persuasiva.

La buena noticia es que el tiempo de los asesinos de reputaciones viene llegando a su fin a pesar de los múltiples prejuicios sembrados en la sociedad cubana. Lo realmente nuevo y esperanzador en Cuba no es el gobierno y sus ocasionales giros políticos, sino el cambio que se viene operando en las actitudes de las personas en la Isla. Los jóvenes ya no aceptan a pie juntillas las versiones de la historiografía oficial sobre personas y hechos. Quieren indagar la verdad de lo ocurrido en todas estas décadas. La gente —incluidos militantes y funcionarios— va perdiendo el miedo a hablar.

Y habrá mucho de qué hablar y comprender.

Se hace necesario saber exactamente lo que ocurrió y por qué ocurrió. Es precisa la contextualización de los hechos para poder alcanzar una mejor comprensión de por qué cada cual se alineó del modo en que lo hizo durante este prolongado conflicto.

Los que pensando que construíamos una mejor sociedad contribuimos a levantar un régimen sin libertades básicas que terminó destruyendo las fuentes de la riqueza nacional y repartiendo pobreza debemos explicar la razón de nuestra actitud. Y aquellos que oponiéndose a la represión del gobierno cubano incurrieron en violaciones de los derechos humanos de quienes simpatizaban con la revolución o de otras personas que hicieron sus víctimas sin haber sido parte siquiera de este conflicto, también deben hacer otro tanto.

La futura reconciliación entre cubanos reclama ese entendimiento contextualizado de percepciones y actuaciones pasadas. Es necesario aprender de nuestra historia republicana y posrepublicana para identificar los «nunca más» en que no ha de incurrirse en el futuro. Ni la voladura de un avión civil de pasajeros ni el hundimiento de una embarcación repleta con familias de migrantes indocumentados son acciones justificables.

Los economistas cubanos discuten hoy las mejores opciones para reconstruir la viabilidad material del país. Los historiadores tendrán que reconstruir los hechos tal cual sucedieron, aunque luego se dividan acerca de cómo interpretarlos. Ésa es su contribución a la construcción del porvenir. Además de ser una responsabilidad profesional hay otra razón irreprochable para hacerlo: es un deber ético hacia muchas víctimas cuya dignidad agredida espera ser reafirmada.

Es difícil saber hacia dónde ir cuando se desconoce todavía de dónde venimos.

Juan Antonio Blanco
Abril de 2011

LEGITIMIDAD E HISTORIA EN CUBA

Rafael Rojas

Pensadores del derecho moderno, como Hans Kelsen y Herbert L. A. Hart, reconocidos como fuentes teóricas por liberales o marxistas, plantearon el dilema jurídico de las revoluciones como un movimiento en dos tiempos: la fractura de la legitimidad previa y la creación de la nueva legitimidad. Durante el periodo de destrucción del viejo Estado y creación del nuevo, ambos conceptos de legitimidad entran en una confrontación binaria en la que cada uno presenta al otro como ilegítimo. Pero siempre llega un momento en que la nueva Constitución se impone y «los actos que aparecen en el sentido subjetivo de producir y aplicar normas jurídicas, no son interpretados ya presuponiendo la antigua norma fundante básica, sino la nueva».[1]

---

[1] Hans Kelsen, *Teoría pura del derecho*, México D.F., UNAM, 1979, p. 219. Ver también H. L. A. Hart, *El concepto del Derecho*, Buenos Aires, Abeledo-Perrot, 1968, pp. 103

Este proceso de confrontación jurídica se manifiesta en toda revolución —la inglesa, la norteamericana, la francesa o la mexicana—, pero es más intenso y discontinuo en los casos de revoluciones que, como la rusa, la china o la cubana, resuelven el tránsito hacia la nueva legitimidad fuera del paradigma del Estado liberal moderno. En estas últimas revoluciones comunistas, la promulgación y aplicación de la nueva Constitución, que dotará de legitimidad a los nuevos actores políticos, debe apelar a formas centralizadas, plebiscitarias, carismáticas o limitadas de la representación política en las que lo legítimo queda circunscrito a lo estatal y se afirma frente a un conjunto de sujetos ilegítimos, englobados bajo rótulos como «contrarrevolución», «enemigos del pueblo» o «traidores a la patria».

El filósofo del Derecho Ulises Schmill ha resumido la diferencia entre los procesos de construcción de legitimidad en ambas familias de revoluciones —las liberales y las comunistas— con la idea de que en las segundas, a diferencia de las primeras, la nueva legitimidad no prescinde nunca de una paralela fabricación simbólica de la ilegitimidad opositora.[2] Esta visión funcional del antagonismo, similar a la descrita por Carl Schmitt en su *Teoría del partisano* (1985), intensifica el proceso de legitimación y lo coloca bajo demandas de afirmación simbólica diferentes a las del

---

[2] Ulises Schimill, *Las revoluciones. Teoría jurídica y consideraciones sociológicas*, Madrid, Trotta, 2009, pp. 17-19.

Estado liberal o democrático. Al llevar hasta sus últimas consecuencias la premisa coactiva del derecho, el orden revolucionario genera, por decirlo así, una mayor ansiedad de legitimación, inscribiendo su entramado institucional más en el afianzamiento de la *stasis* que en la representación del *demos*.[3]

Stasis era el concepto que utilizaban los griegos para designar la situación de guerra civil en la *polis* y aparece formulado en *La historia de la guerra del Peloponeso* de Tucídides.[4] La legitimidad revolucionaria, sostiene Schmill, es una continuación simbólica de la guerra civil por medio de las instituciones del nuevo Estado. El principio de beligerancia que le sirve de fundamento demanda, como decíamos, una cobertura ideológica más elaborada e insistente que en el orden democrático. Un elemento de esa cobertura es, precisamente desde Tucídides, la historia de la comunidad, es decir, un relato sobre la fundación y el devenir de la *polis*, acorde a los símbolos del poder constituido.

Todos los regímenes políticos y todos los gobiernos, democráticos o no, apelan para su legitimación a una historia oficial. Esta última es resultado de un procesamiento de los consensos historiográficos por parte de las instituciones políticas, educativas y mediáticas de la esfera pública de cualquier país. En las democracias, naturalmente, las posibilidades de

---

[3] *Ibid*, pp. 74-76.

[4] *Ibid*, pp. 56-57.

impugnación de las narrativas oficiales son mayores que en los regímenes autoritarios o totalitarios, ya que la libertad de expresión y la autonomía jurídica de las instituciones culturales pluralizan la circulación de discursos históricos y limitan la construcción de relatos hegemónicos. El global adelgazamiento ideológico de los estados, que ha producido el fin de la Guerra Fría en las dos últimas décadas, hace más competido el mercado intelectual y, por tanto, más disputada la construcción de hegemonías de la memoria.

Incluso en un país como Cuba, donde persiste desde hace medio siglo un sistema político no democrático, es posible detectar algunos síntomas de ese adelgazamiento ideológico, aunque la ansiedad de legitimación simbólica siga siendo notable. En las dos últimas décadas, también en Cuba se han pluralizado los discursos públicos y, en el que caso de la producción y circulación del saber histórico, esa creciente pluralidad se refleja en una mayor autonomía de la historiografía académica, respecto a la historia oficial, y en una representación más incluyente y menos teleológica de los actores del pasado en las publicaciones de ciencias sociales. Como componente del aparato de legitimación, el relato oficial no ha desaparecido, pero poco a poco va reduciendo su esfera de influencia a la prensa, la radio y la televisión y pierde capacidad de reproducción en la educación superior y el campo intelectual.[5]

Bastante sintomático del debilitamiento de los mecanismos de legitimación histórica del régimen cubano es la cada vez mayor limitación del mismo, ya no a *Granma, Juventud Rebelde,* la Televisión Nacional o las editoriales del Consejo de Estado, sino al círculo de colaboradores personales de Fidel Castro. Mientras los historiadores académicos refundan una institución del antiguo régimen, la Academia de Historia de Cuba, y reclaman, con o sin ambivalencia, el concepto «tradicional» o inorgánico de «autonomía» para la misma, el partidismo histórico del discurso oficial se refuerza en el centro simbólico del poder: la persona de Fidel Castro. Los recientes libros *La victoria estratégica* (2010) y *La contraofensiva estratégica* (2010), escritos por el propio Castro con la colaboración de asesores históricos como Pedro Álvarez Tabío, Rolando Rodríguez y Katiushka Blanco, y editados por el Consejo de Estado, son testimonios de la subsistencia, cada vez más precaria, de la historia oficial en Cuba.

Precaria subsistencia, por la cada vez menor receptividad de ese relato en los medios académicos e intelectuales, que hasta hace poco eran su principal correa de trasmisión. Pero subsistencia al fin, ya que

---

[5] Rafael Rojas, "El debate historiográfico y las reglas del campo intelectual en Cuba", en Araceli Tinajero, *Cultura y letras cubanas en el siglo XXI,* Madrid, Iberoamericana/ Vervuert, 2010, pp. 131-146.

esos libros, lo mismo que el todavía reciente *Biografía a dos voces* (2006) de Ignacio Ramonet, así como aquellas «reflexiones» que tratan de temas históricos, contienen la historia oficial cubana *in nuce* y son editados y subsidiados en cientos de miles de ejemplares y reproducidos por los principales medios de comunicación. El excepcional rango de circulación que alcanzan esos documentos es suficiente para constatar su rol proselitista y pedagógico, su funcionalidad de constitución o preservación ideológica de una ciudadanía leal y, por tanto, de afianzamiento de la legitimidad por vías narrativas. Esa literatura oficial es la mejor prueba de que en Cuba, a diferencia de cualquier democracia, la Constitución y las leyes no son suficientes para garantizar la legitimidad y ésta debe ser constantemente abastecida por un relato hegemónico del pasado, que justifique la falta de libertades en el presente.

Dicho relato, tal y como aparece en sus textos, podría resumirse de la siguiente manera. Cuba fue colonia de España de 1492 a 1898 y a partir de ese año pasó a ser colonia de Estados Unidos. Durante el siglo XIX los cubanos intentaron independizarse y el proyecto nacional más completo de aquella centuria, elaborado por José Martí, contempló, no sólo la independencia de España, sino, también, de Estados Unidos, ya que el Apóstol advirtió que la soberanía de la isla pasaría de manos, entre Madrid y Washington, si su revolución no triunfaba. Con la intervención norteamericana de 1898 se frustró aquel proyecto nacional, que intentó ser retomado por algunos líderes de los años 20 y 30, como el comunista Julio Antonio Mella y el socialista Antonio Guiteras, los dos políticos de la primera mitad del siglo XX más jerarquizados en esta genealogía.[6] Aquella revolución, que intentó retomar el proyecto de Martí también fracasó por obra de Estados Unidos, la oligarquía insular y políticos autoritarios o corruptos como Fulgencio Batista, Ramón Grau San Martín y Carlos Prío Socarrás.

Así como los separatistas del siglo XIX debieron enfrentarse, no sólo a España y a Estados Unidos, sino a «corrientes reformistas, autonomistas y anexionistas», que no eran «revolucionarias», aquellos líderes de los años 20 y 30 tuvieron que enfrentarse al imperialismo, la dictadura de Machado, la oligarquía y los «pseudorrevolucionarios».[7] Estos últimos serían casi todos los políticos de origen antimachadista y de ideología liberal y democrática que conformaron gobiernos u oposiciones, entre 1940 y 1958, bajo las presidencias de Grau, Prío y Batista. En *Biografía a dos voces*, se hace una excepción con Eduardo Chibás, quien personifica la lucha contra la corrupción dentro de los límites de la democracia burguesa, pero en la más reciente Introducción a *La victoria estratégica* (2010), el juicio sobre aquella generación es tajante:

---

[6] Ignacio Ramonet, *Fidel Castro. Biografía a dos voces*, Barcelona, debate, 2006, pp. 65-78.

[7] *Ibid*, p. 29.

Cuba no era un país independiente en 1953. Las ideas de Martí habían sido traicionadas por los políticos de la República. La mayoría de los revolucionarios antimachadistas o antibatistianos de los años 30 se habían vuelto pseudorrevolucionarios. El único partido que poseía una visión revolucionaria era el comunista pero estaba aislado. De ahí que era preciso lanzar un programa revolucionario por fuera de ese partido para ganar a la mayoría de la población y luego conducir un cambio revolucionario por la vía socialista.[8]

En todos estos textos se reitera el núcleo simbólico de la historia oficial, que no es otro que la ficción de que en Cuba sólo ha existido una revolución, que estalló en octubre de 1868 y que, luego de varias frustraciones, triunfó el 1° de enero de 1959. A Ramonet se lo repite su célebre entrevistado, tautológicamente «el 10 de octubre de 1868 es donde nosotros decimos que comienza —y yo lo dije— la Revolución».[9] En *La victoria estratégica*, se asegura, incluso, que desde 1953 aquellos líderes llegaron persuadirse de que la única manera de hacer que esa Revolución, secularmente frustrada, triunfase, era por medio de un proyecto marxista-leninista: «fue necesario comenzar de cero. Disponía ya desde que me gradué de bachiller, y a

---

[8] Fidel Castro. *La victoria estratégica*, La Habana, Consejo de Estado, 2010.

[9] Ignacio Ramonet, *Op. Cit*, p. 32.

pesar de mi origen, de una concepción marxista-leninista de nuestra sociedad y una convicción profunda de la justicia».[10]

Ese comenzar de cero era la única manera de retomar el hilo de una historia cifrada, que debía desembocar en el socialismo. Sólo que este último sistema no podía ser abiertamente defendido, dado el fuerte anticomunismo que Washington había trasmitido a la opinión pública de la isla y que le restaba popularidad a la corriente comunista prerrevolucionaria. La plasmación de un proyecto político no comunista, en todos los documentos del Movimiento 26 de Julio, en los pactos que firmó esta organización con otras de la oposición antibatistiana, como el Directorio Revolucionario o el Partido Auténtico, y en diversas cartas, artículos y declaraciones a la prensa nacional y extranjera del propio Fidel Castro, entre 1953 y 1960, es presentada en esta bibliografía, no como una orientación ideológica real de aquel movimiento, sino como una imagen de moderación, deliberadamente asumida por líderes comunistas que, para lograr sus fines, debían ocultarlos.

En un pasaje sumamente revelador del segundo libro, *La contraofensiva estratégica* (2010), se sostiene que todos aquellos políticos antibatistianos que, de una u otra forma, se opusieron a ese proyecto socialista no declarado, entre 1953 y 1960, fueron borrados por la

---

[10] Fidel Castro, *Op. Cit.*

historia. A propósito de Ramón Grau San Martín, Carlos Márquez Sterling y otros líderes auténticos u ortodoxos que participaron, como opositores a Batista, en las elecciones de 1954 o 1958, Fidel afirma: «poco tiempo después de la derrota batistiana, en diciembre de 1958, nadie más se acordó de ellos. Las nuevas generaciones no han oído mencionar nunca sus nombres».[11] Que la ciudadanía de la isla desconozca a esos políticos del pasado cubano no sólo no es malo sino que es inevitable, ya que los mismos, por oponerse al curso natural de la historia, fueron sepultados por ésta.

La historia oficial procede, pues, por medio de una selección ideológica y moral de los actores del pasado, en la que son recordados los que integran la genealogía del poder y caen en el olvido los que no formaron parte de la misma. Dicho relato funciona, en buena medida, como un tribunal del juicio final, que decide la suerte de los sujetos históricos y los distribuye entre infierno y paraíso, memoria y olvido. La falta de correspondencia entre esa manera de historiar un país y los métodos académicos de la historiografía no podría ser más notable. Muy pocos historiadores serios, marxistas, liberales o de cualquier orientación ideológica o metodológica, estarían de acuerdo con clasificar a los actores de un pasado nacional en recordables u olvidables.

---

[11] Fidel Castro, *La contraofensiva estratégica*, La Habana, Consejo de Estado, 2010.

Pero más allá de esta incongruencia, la historiografía académica difícilmente podría aceptar otras premisas del relato oficial como la de la única revolución, entre 1868 y 1959, la del mismo proyecto nacional de José Martí a Fidel Castro o la de la ausencia de soberanía entre 1902 y 1959. Es indudable que la Enmienda Platt limitó la soberanía cubana entre 1902 y 1934 —año en que fue derogada— por medio del derecho de intervención de Washington en caso de guerra civil y de la subordinación a Estados Unidos de las relaciones internacionales de la naciente República. Pero, en aquellas tres décadas, el Estado cubano tampoco careció de toda autodeterminación en sus políticas internas y externas, como puede comprobarse, por ejemplo, durante los años en que Manuel Sanguily fue Secretario de Estado del presidente José Miguel Gómez.

La historiografía académica producida dentro y fuera de la isla da cuenta de que la vida social, económica, política y cultural de Cuba, entre 1902 y 1958, fue intensísima y no puede ser reducida al contexto de una colonia norteamericana. Durante las primeras décadas revolucionarias, la historiografía marxista intentó desarrollar el concepto de neocolonia que, por lo menos, matizaba el grado de dependencia de Estados Unidos durante aquel medio siglo. Sin embargo, en las versiones más difundidas de la historia oficial, que son las que aparecen en los textos comentados, esa matización es abandonada por la identidad entre el pasado prerrevolucionario y el estatuto colonial, que niega toda capacidad de agencia a los actores políticos republicanos.

Comenzar de cero implicaba, para los líderes históricos de la Revolución, un nuevo diseño del calendario nacional a partir, precisamente, de un año cero: 1959. Todo lo sucedido antes de ese año, salvo aquello que sirviera de anuncio o profecía, debía ser referido al pasado colonial y, por tanto, capitalista, burgués, corrupto y «prenacional» de la isla. Con la Revolución comenzaba, propiamente, la fundación del Estado y sus líderes eran, ni más ni menos, los padres fundadores de la «verdadera nación». La difusión mundial que en el último siglo ha alcanzado esa premisa, que desde el punto de vista de las ciencias sociales o la historia política podemos calificar como «falsa», sólo puede explicarse por medio del mito. Un mito que, como todos los mitos, no es lo contrario de la realidad sino la hiperbolización de un aspecto de la realidad.

Fueron muchos los intelectuales cubanos, latinoamericanos, europeos o norteamericanos que, en las tres primeras décadas del socialismo, contribuyeron a la escritura de esa mitología. Jean Paul Sartre, Charles Wright Mills, Ezequiel Martínez Estrada, Eduardo Galeano, Cintio Vitier o Roberto Fernández Retamar serían sólo algunos nombres. Dentro de la isla, buena parte de la historiografía académica y el ensayo político (Julio Le Riverend, Jorge Ibarra, Ramón de Armas, Oscar Pino Santos, Lionel Soto, Francisco López Segrera, Pedro Pablo Rodríguez...) también intervino en el apuntalamiento de la ficción de una revolución única, en la estigmatización del periodo republicano o en el acoplamiento doctrinal entre José Martí y el marxismo-leninismo. Una versión simplificada y burocrática de las ideas de estos autores pasó al lenguaje de ideólogos y dirigentes del gobierno y el Partido Comunista de Cuba.

En las dos últimas décadas, sin embargo, esa formación discursiva ha ido perdiendo, gradualmente, fuerza y sofisticación. En *Biografía a dos voces, La victoria estratégica* y *La contraofensiva estratégica* la historia oficial aparece ya como una caricatura de sí misma. Una caricatura en la que la personalización de la historia cubana se acentúa por el tono autobiográfico que predomina en los tres libros mencionados. Fidel Castro, que es un actor del pasado, carece, naturalmente, de la objetividad del historiador y sus juicios sobre Manuel Urrutia, Huber Matos o Carlos Franqui, por poner sólo tres ejemplos, poseen una textura retórica, inadmisible en el lenguaje académico.[12] Las nuevas generaciones de aspirantes a historiadores oficiales son, por lo visto, incapaces de producir obras equivalentes a las de sus antecesores de los 60, 70 y 80 y prefieren convertir las parciales memorias del líder en libros de texto de la «verdadera historia patria».[13]

---

[12] Ignacio Ramonet, *Op. Cit*, pp. 518-519.

[13] Enrique Ubieta, "Los héroes y la historia total", *Cubadebate*, 25 de octubre de 2010.

Una de las características de las dos últimas décadas postcomunistas es que mientras la historia oficial se caricaturiza en los medios de comunicación y se abandona en el campo intelectual y académico, la oposición al gobierno cubano se vuelve mayoritariamente pacífica y abandona la confrontación de la ilegitimidad del régimen. La mayoría de los opositores, desde luego, piensa que el gobierno cubano es ilegítimo, desde el punto de vista democrático, pero no se enfrenta al mismo como si se tratara de un régimen de facto que debe ser derrocado por la fuerza. Pudiera afirmarse la paradoja de que, en los últimos años, cuando la legitimidad jurídica del Estado logra imponerse más claramente, la legitimidad ideológica del socialismo, basada en la historia oficial, experimenta su mayor agotamiento.

La paradoja nos devuelve a la relación entre legitimidad e historia, anotada al inicio de este ensayo. La historia oficial, como discurso de legitimación de un régimen no democrático, cumple, entre otras funciones, la de mantener viva, en la memoria ciudadana, la guerra civil, la *stasis*, es decir, la fractura de la comunidad provocada por el orden revolucionario. De ahí que en ese discurso sea tan frecuente la clasificación de los sujetos del pasado en amigos y enemigos, héroes y traidores, patriotas y antipatriotas, y la conexión genealógica entre estos y los partidarios u opositores del régimen en el presente. Una vez que los opositores abandonan la *stasis* y contraponen pacíficamente a la legitimidad totalitaria una legitimidad democrática, la historia oficial comienza a perder receptores y, lo que es más grave, comienza a perder el respaldo de la historiografía académica, que le servía de caja de resonancia.

Dado que la falta de democracia en Cuba continuará por algún tiempo, no habría que descartar que el debilitamiento de la historia oficial se incorpore a las tácticas de normalización del totalitarismo que ejerce el poder. En foros académicos internacionales, por ejemplo, ya se escuchan voces oficiales que aseguran que en Cuba no existe una historia oficial sino un conjunto de interpretaciones marxistas del pasado. Lo cual es cuestionable, por lo menos, en tres sentidos: la historia oficial sí existe —como prueban las publicaciones históricas del Consejo de Estado, dicha historia no es marxista sino burdamente nacionalista y algunos de los marxistas serios que quedan en la isla no suscriben el relato hegemónico de la historia oficial.

El fenómeno de la decadencia de la historia oficial cubana debería ser estudiado como parte de la recomposición del campo intelectual que se está viviendo, actualmente, dentro y fuera de la isla. Es difícil, tan siquiera, sugerir que dicha recomposición tenga alguna incidencia directa en la producción de un cambio político o una transición a la democracia. Ese tipo de fenómenos parecen ser más característicos del prolongado fin de un régimen que del surgimiento de uno nuevo. Podemos asegurar, sin embargo, que la reescritura de la historia cubana ya comenzó, aunque sus principales aciertos permanezcan inaccesibles a la mayoría de los ciudadanos de la isla. Sólo cuando esa reescritura de la historia logre constituir un público en la isla, la pluralización de la memoria se volverá tangible y favorecerá la democratización cubana.

FUSILAMIENTOS DE LA REPUTACIÓN: LA POLÍTICA REPUBLICANA. CARLOS MÁRQUEZ STERLING Y LAS ELECCIONES DE 1958

Uva de Aragón

Existe un imperdonable vacío en estudios objetivos sobre la historia de Cuba durante la primera mitad del siglo XX. Antes del triunfo de la Revolución en 1959, muchos libros de texto terminaban el 20 de mayo de 1902. Era natural. Resultaba más urgente en aquel momento construir el mito fundacional de la nación. Además, la historia se estaba forjando, mucho de sus principales protagonistas aún vivían, e incluso eran figuras públicas. No había suficiente distancia temporal para lograr la perspectiva apropiada para el análisis riguroso de esa etapa.

El primero de enero de 1959, Cuba sufrió una gran escisión en todos los niveles. La historiografía no fue una excepción. La visión de los que a partir de entonces escribían desde el exilio —pienso en personas como Leví Marrero, Calixto Masó y Carlos Márquez Sterling, para dar pocos ejemplos— difería bastante de las narrativas generadas desde la Isla, donde al calor de las nuevas definiciones ideológicas, se demonizó por muchos años el período de 1902 a 1959. Incluso en nuestros días se le conoce como el de la República mediatizada o neocolonia, pues se argumenta que Cuba estaba completamente sometida a los Estados Unidos. Ya ha pasado suficiente tiempo para adentrarnos en aquel período con menos pasión, y así ha comenzado a hacerse desde ambas orillas.

Repasemos algunos pocos datos irrefutables. Después de años de lucha en que los esfuerzos reformistas de un sector de criollos tropezaron con la intransigencia de la España decimonónica, la Madre Patria empeñó en la guerra «hasta la última peseta y el último soldado» para no perder a «la siempre fiel isla de Cuba». La Isla quedó devastada. Aún peor, España no entregó el gobierno de su antigua colonia a los mambises, sino a los militares estadounidenses, que intervinieron en la lucha armada a última hora. Por tanto los cubanos no estuvieron presentes cuando se firmó la paz en París el 10 de diciembre de 1898, y según lo pactado entre ambas potencias muchas de las fuentes de riqueza quedaron en manos de los españoles y los americanos, de modo que los cubanos aunque ahora eran independientes, heredaban un país que en verdad no les pertenecía. Consideremos además los efectos del monocultivo, los altibajos en el precio del azúcar, las trabas de códigos legales anticuados, el arraigo de males como la corrupción y la violencia política, y las constantes interferencias de los vecinos del norte en las cosas de Cuba. Los cubanos enfrentaron serios problemas.

Pese a estas circunstancias difíciles, hubo siempre gran nacionalismo, una clase intelectual que se dio a la noble tarea de forjar ciudadanos, y voces y actitudes muy dignas. Poco a poco los cubanos lograron construir las bases de una nueva República, y a trancas y barrancas el país iba avanzando.

Un momento clave fue la Asamblea Constituyente de 1940, no sólo porque los cubanos se dieron asimismo una constitución avanzada que recogía las aspiraciones de justicia social que había impulsado la Revolución de 1933 contra el dictador Gerardo Machado, sino porque los diversos partidos políticos, sin influencias foráneas, habían logrado un proceso impecable de compromiso y consenso. La nueva Constitución fue un hito y comenzó un período, no exento de problemas, pero con una sociedad civil cada vez más influyente y elecciones libres en 1940, 1944 y 1948. Por eso, cuando se produce el golpe de estado de Fulgencio Batista el 10 de marzo de 1952, a unos meses de las elecciones generales, se crea en Cuba un profundo malestar. La oposición a Batista tomó dos cauces principales, el revolucionario y el político. Ambos proclamaban como su objetivo restaurar la Constitución de 1940, un símbolo de gran significado para la ciudadanía.

A partir de este momento, la visión de la historia ha tenido interpretaciones divergentes, que sin embargo han comenzado a coincidir.

Fidel Castro, que resultara el principal prota-gonista de la oposición por vías violentas a Batista, se había desempeñado en sus años de estudiante en la

Universidad de La Habana como un líder de dudosa reputación que nunca pudo ganar unas elecciones estudiantiles para situarse por vía democrática al frente de su facultad o de la universidad. Luego militó en las filas del Partido Ortodoxo Cubano. Sus aspiraciones políticas se vieron frustradas por el golpe de estado de Fulgencio Batista que a su vez le abrió las oportunidades que buscaba para auto promoverse por vías extra democráticas. Recurre a la violencia con el ataque al Cuartel Moncada el 26 de Julio de 1953.

En su famosa alocución *La historia me absolverá* que hiciera Fidel Castro ante los magistrados el 16 de octubre de 1953 durante el juicio en su contra por liderar el ataque al Cuartel Moncada en julio de ese año, expresó:

> *¿Quién le ha dicho que nosotros hemos promovido alzamiento contra los Poderes Constitucionales del Estado? Dos cosas resaltan a la vista. En primer lugar, la dictadura que oprime a la nación no es un poder constitucional, sino inconstitucional; se engendró contra la Constitución, por encima de la Constitución, violando la Constitución legítima de la República.*[1]

En ese alegato sus referencias a la Constitución del 40 son múltiples. En otro momento se refiere a la posible destrucción de los papeles donde se plasmaban las leyes revolucionarias y añade «…yo los conservo en

---

[1] Fidel Castro, *La historia me absolverá*, Buenos Aires, Ediciones del Pensamiento Nacional, 1993, p. 85.

la memoria. La primera ley revolucionaria devolvía al pueblo la soberanía y proclamaba la Constitución de 1940 como la verdadera ley suprema del Estado».

En otro pasaje, para exponer como el golpe de estado de Fulgencio Batista del 10 de marzo de 1952 viola la Constitución se refiere a los castigos que impone el Código de Defensa Social a diversos delitos y cita del mismo «El que tratare de impedir o estorbar la celebración de elecciones generales; [...] incurrirá en una sanción de privación de libertad de cuatro a ocho años».[2]

Castro es amnistiado en mayo de 1955. Inicia desde su excarcelación un esfuerzo para reclutar adeptos en el Partido Ortodoxo con el objetivo de iniciar una lucha armada. Marcha a México en julio de ese año donde prepara la expedición del Granma en noviembre de 1956.

Desde su discurso *La historia me absolverá* antes citado, hasta el triunfo de la Revolución el 1 de enero de 1959, la restitución de la Constitución de 1940 fue parte de las promesas de Castro al pueblo de Cuba. Sin embargo, ya desde la Sierra Maestra comenzó a violar el espíritu de dicha ley fundamental.

La primera contradicción con los principios constitucionales se manifestó con la llamada Ley Primera de la Sierra Maestra que restablecía le pena de muerte. Meses después volvería a negar los principios

---

[2] *Ibid*, p. 90.

constitucionales con la Ley 2 de la Sierra que especificaba que la muerte por «ejecución sumaria» sería el castigo extendido a aquellos que se presentaran a las elecciones convocadas para el 3 de noviembre de 1958. Estas leyes no fueron letra muerta. Numerosos fusilamientos tuvieron lugar en los frentes guerrilleros no solo contra soldados acusados de crímenes de guerra sino contra miembros del ejército rebelde a quienes se les ejecutó por alguna indisciplina en improvisados juicios de escasas garantías procesales. Por otra parte, en las elecciones de 1958 todos los candidatos, —incluso, o quizás de manera especial, los de la oposición— fueron constantemente amenazados, amedrentados y sufrieron atentados contra su vida, en algunos casos fatales. «Nicolás Rivero Agüero, candidato a concejal por Santiago de Cuba y hermano del candidato a la presidencia por la coalición gubernamental, fue ultimado por la espalda».[3] También fueron asesinados el sindicalista Felipe Navea, el ganadero Rosendo Collazo y Aníbal Vega, hermano de Víctor Vega, presidente provincial del Partido Libre, de la oposición. Este caso fue particularmente dramático pues entraron en su casa en Camagüey y las balas atravesaron los barrotes de la cuna de su pequeña hija a quien el padre acababa de colocar en ella. La niña salió ilesa milagrosamente.[4] El mismo Fidel Castro en una

---

[3] Jorge García Montes y Antonio Alonso Ávila. *Historia del Partido Comunista de Cuba*. Miami, Ediciones Universal, 1970, p. 572.

[4] *Ibid*. Ver también Carlos Márquez Sterling. *Historia de Cuba. Desde Colón hasta Castro*. Nueva York, Las Américas Publishing

alocución al pueblo cubano por Radio Rebelde el 24 de octubre de 1958, mostraba su total rechazo a la vía electoral: «¿Elecciones en medio de una guerra? Cualquiera que sea el resultado de estas elecciones, cualquiera que sea el nombre que la dictadura decida escribir sobre las boletas, la Revolución seguirá inalterable su curso».[5] Documentos de la época muestran tanto las constantes arengas radiales a la población para que se mantuvieran en sus hogares el 3 de noviembre de 1958 y no asistiera a las urnas, como acciones violentas en las que participaron los más altos jefes revolucionarios como el Che Guevara. [6]

Fidel Castro promete continuamente restaurar las garantías constitucionales que viola Batista, pero al mismo tiempo proclama leyes revolucionarias letales que aplica de forma arbitraria. Sabotea con violencia toda forma de diálogo político o negociación que pudiera poner fin al régimen de Batista para poder justificar la necesidad de su movimiento revolucionario y evitar verse obligado a deponer las armas y renunciar a la toma del poder.[7]

Company, 1963, p. 423.

[5] Andrés Castillo Bernal. *Cuando esta guerra se acabe. De las montañas al llano* Manifiesto de Fidel Castro al pueblo de Cuba sobre los primeros ochenta días de campaña en la Sierra Maestra, Sierra Maestra, febrero 20 de 1957. La Habana, Editorial de Ciencias Cubanas, 2000, p. 267.

[6] *Ibid*, pp. 267-279.

[7] *Ibid*. Ver solo como dos ejemplos "No al pacto de Miami", pp. 476-477 y Jorge Ibarra Guitart, *Sociedad de Amigos de la República*

Con estos métodos de intimidación logró, en efecto, que un número de políticos de la época opuestos a Batista decidieron abandonar la búsqueda de salidas cívicas y aprobaran, de forma tácita o explicita, la violencia insurreccional. No fue así el caso de Carlos Márquez Sterling, abogado, profesor universitario, congresista durante doce años, presidente de la Cámara de Representantes, quien en 1940 había tenido una actuación brillante como Presidente de la Asamblea Constituyente. Márquez Sterling estaba avalado, además, por la trayectoria de su padre Don Manuel, periodista y diplomático de reconocido nacionalismo, que había negociado y firmado la abolición de la Enmienda Platt,[8] y por su propia fama de político honesto, en un medio en que, sin duda, existía la corrupción, aunque también hombres públicos de

---

(SAR), Historia de una mediación 1952-1958. La Habana, Editorial de Ciencias Sociales, 2003, pp. 98-99. El autor cita unas declaraciones de Fidel Castro en 1956 en respuesta a la mediación de la SAR para buscar una solución pacífica a la problemática cubana en que se expresa a favor de unas elecciones generales inmediatas, y otras de 1978 en que asegura que desde que salió tenía una estrategia de lucha para «demostrar que no había solución política».

[8] Enmienda impuesta por los estadunidenses a los cubanos durante la ocupación del país y que, añadida a la Constitución de 1901, permitía, entre otras cosas, la intervención del vecino del norte en los asuntos de Cuba para proteger vidas e intereses económicos. Para una historia de las negociaciones que llevaron a la derogación de dicha enmienda en 1934, ver Manuel Márquez Sterling, *Las conferencias del Shoreham,* México, Ediciones Botas, 1933.

probada honestidad. Sobre éstos últimos recaía de manera injusta la percepción negativa de que la política había sido sembrada por aspirantes a desplazar a los gobernantes de turno o a los que, desde la oposición, habían sido electos a cargos públicos. Las aspiraciones en política son legítimas, siempre que estén inspiradas por el deseo de servir, y no el de hacer fortuna, como lamentablemente ocurría en algunas ocasiones. Al mismo tiempo, ciertos medios de prensa que encontraban en el sensacionalismo el modo de aumentar su circulación e influencia, también contribuyeron a crear una visión peyorativa de la política entre gran parte del pueblo cubano. [9]

---

[9] El caso más notable de falsas calumnias públicas fue el de Eduardo Chibás, prominente figura del Partido Ortodoxo, que abogaba en sus horas radiales por barrer con la corrupción. Se convirtió en un índice acusador de los gobiernos auténticos de Ramón Grau San Martín y Carlos Prío Socarrás, y en un verdadero ídolo del pueblo cubano. Sin embargo, Aureliano Sánchez Arango, Ministro de Educación del Gobierno de Prío, se lo acusó de «maestro de la difamación» y «un falso apóstol de la mentira, la demagogia y de la calumnia». Chibás había acusado a Aureliano «de robarse los fondos de las escuelas públicas para comprar una hacienda en Guatemala». Chibás prometía unas pruebas que no tenía y al no poder producirlas se pegó un tiro durante uno de sus programas radiales, sin darse cuenta que ya no estaba en el aire, el 15 de agosto de 1951, que lo llevó a la muerte pocos días después, el 26 de agosto. Castro intentó utilizar el entierro de Chibás para marchar a Palacio y derrocar a Prío, pero no encontró apoyo. Sin duda la muerte del apasionado líder ortodoxo, que no tenía simpatías por Castro, acabó beneficiándolo. A pesar de que nunca se encontraron pruebas algunas de corrupción departe de Aureliano Sánchez Arango, y de libros escritos por historiadores y descendientes,

(Debo hacer un paréntesis para explicar que me unen a Carlos Márquez Sterling nexos muy íntimos, pues mi madre contrajo matrimonio con él en 1956, tres años después de la muerte de mi padre, el médico y profesor universitario Ernesto R. de Aragón. Estos vínculos familiares, sin embargo, ofrecen ciertas ventajas. Para evitar toda posible subjetividad, he sido excesivamente cuidadosa en documentar todo cuanto en éste y otros trabajos he escrito al respecto. Cuento además con la ventaja de haber sido testigo de algunos de los hechos narrados y de contar con fuentes documentales de primera mano.)

Carlos Márquez Sterling fue el principal candidato presidencial de la oposición contra el candidato oficialista, Andrés Rivero Agüero. Uno de sus lemas de campaña fue «Ni con botas ni con balas, con votos». Ofreció una amnistía general a los revolucionarios, garantías para que depusieran las armas y se organizaran políticamente, y convocar a elecciones generales en dos años, no cuatro como estaba previsto en la Constitución que durara su mandato de ganar en las urnas. No aspiraría en dichos comicios. Buscaba facilitar un gobierno de transición.[10] Muchos fueron los «mensajes» que recibiera de los revolucionarios y de

---

todavía aparecen referencias a Sánchez Arango que cuestionan su honestidad. Ver, entre otros. Georgie Anne Geyer, *El patriarca de las guerrillas. La historia oculta de Fidel Castro*, San José, Costa Rica, 1991, pp.73-82

[10] Ver artículo de primera plana de Márquez Sterling en *Diario La Marina*, La Habana, 9 de agosto de 1958

Castro personalmente durante la campaña política. Me limito a narrar dos. El primero fue el intento de apuñalearlo, el 2 de febrero de 1955, durante la irrupción en los salones de la Artística Gallega de miembros del 26 de Julio cuando se celebraba la Asamblea del Partido de Pueblo Libre y la proclamación de su candidatura a los comicios.[11] El otro ejemplo es el mensaje que Castro envía a Márquez Sterling de que se retire de los comicios, apoye la Revolución y él lo nombrará Presidente cuando triunfe. Márquez Sterling le contesta que así no desea llegar a la Presidencia, y que Castro lo que debe hacer es recomendarle a la ciudadanía que vote en vez de amenazarla.[12]

El argumento esgrimido contra las elecciones es que le «hacían el juego a Batista». O sea, que ayudarían a legitimar la dictadura. Márquez Sterling aseguraba, por el contrario, que un fraude no se produciría con una votación en masa y en caso de haberlo en tales circunstancias, confirmaría la falta de buena voluntad del régimen y surgirían «diez Sierras Maestras». Su fe en que Batista respetaría las urnas no era infundada. Se basaba, en primer lugar, en conversaciones con el entonces primer ministro Jorge García Montes, durante las cuales el alto funcionario se comprometió, en nombre de Batista, a que se acataría el resultado de las

---

[11] Carlos Márquez Sterling, *Historia de Cuba. Desde Colón hasta Castro*. Nueva York, Las Americas Publishing Company, 1963, pp. 416-417.

[12] *Ibid*, p. 434.

urnas, mientras que Márquez Sterling daba su palabra de que el Partido del Pueblo Libre no conspiraría contra el gobierno. Existía también el precedente de que Batista había llevado a cabo unas elecciones honestas en 1944 y transferido la presidencia a Ramón Grau San Martín, del Partido Auténtico. La lógica, además, hacía pensar que Batista comprendería la imposibilidad de mantenerse en el poder a la fuerza, y que aceptar la derrota de su partido en los comicios le ofrecía una salida sin sangre al país.

Sin embargo, como había predicho Márquez Sterling, la participación en los comicios se vio menguada por el acoso violento, lo cual facilitó el fraude electoral y la guerra civil cobró mayor auge tras el fracaso electoral.

Márquez Sterling fue detenido el 4 de enero de 1959 y aunque le permitieron regresar a su hogar al día siguiente, sufrió presidio domiciliario hasta marzo de ese año. Sus cuentas bancarias y su bufete de abogado fueron confiscados. Simultáneamente empezó a rumorarse que se preparaban unas pruebas falsas en su contra para enjuiciarlo y separarlo de su cargo universitario. A principios de junio el periódico *Combate* publicó una reproducción de 3 cheques emitidos por el gobierno de Batista de $50,000 cada uno pagaderos a las siglas CMS. No se mostraba ninguna firma al dorso que indicara si los cheques habían sido cobrados ni por quien. El periódico aseguraba, sin embargo, que representaban el pago a Carlos Márquez Sterling por haber participado en las elecciones. Un mes después, el 13 de julio de 1959, Márquez Sterling se asiló en la Embajada de Venezuela y se marchó del país. Murió en Miami a los 92 años de edad en 1991.

Estos cheques que no aparecen como cobrados y no llevan el nombre de Márquez Sterling, como es de rigor, sino sus iniciales, son la única pretendida prueba que el régimen ha ofrecido en 50 años sobre el soborno que supuestamente recibió para prestarse a la farsa electoral. Sin embargo, esta información aparece en los Archivos Nacionales de Cuba y en libros tan recientes como uno publicado en el 2008, en donde la cantidad se aumenta a $250,000, pero sin evidencia alguna de quien era realmente el destinatario de los famosos cheques ni de que hayan sido cobrados por persona alguna.[13] No sólo no se han producido jamás comprobantes ni indicios de ninguna transacción monetaria entre el gobierno de Batista y Márquez Sterling, que en el exilio vivió de su trabajo hasta los 80 años y murió pobre.

En *Batista. Últimos días en el poder* de José Luis Padrón y Luis Adrián Betancourt, los autores narran como en la casa del ingeniero Salazar, Batista «hizo instalar una oficina electoral clandestina (...) donde se

---

[13] Guillermo Jiménez, *Los propietarios de Cuba 1958*. La Habana, Instituto del Libro Cubano, Tercera Edición, 2008, p. 503. Márquez Sterling no aparece como propietario, pues en 1956 había vendido su única propiedad, una casa en el reparto la Víbora, y se había ido a residir a la de su segunda esposa, Uva Hernández-Catá, viuda de Aragón. La referencia aparece en una entrada sobre su consuegro Antonio Sánchez Vaillant, dueño de un comercio de autos.

imprimió un idéntico duplicado de las cédulas electorales» encargadas a suplantar las legítimas «al terminar la votación el día de los comicios».[14] La pregunta salta a la vista. Si el candidato a la oposición hubiese estado «comprado» por el gobierno, ¿qué necesidad hubiera habido de preparar cédulas duplicadas y cambiar las originales en los colegios electorales?

Márquez Sterling no es, ni con mucho, el único político cubano que la Revolución ha intentado desprestigiar. Es sólo un ejemplo entre muchos posibles, que he escogido por conocerlo a fondo. No sólo se trata de fusilamientos de la reputación de individuos, sino de toda una etapa de la historia del país de 56 años, apenas un poco más larga que la era revolucionaria que lleva 51, y en que no se reconocen las luchas por la justicia social ni la defensa de los intereses nacionales frente a la voracidad de intereses espurios y de la injerencia estadounidense por parte de tantos políticos e intelectuales honrados de la época, a menos que hubiesen pertenecido al Partido Comunista o apoyado a Fidel Castro.

---

[14] José Luis Padrón y Luis Adrián Betancourt. Batista. *Últimos días en el poder*. La Habana, Ediciones Unión, 2008, p. 16. Esta información coincide con exactitud con la que aparece en Gabriel E. Taborda, *Palabras Esperadas. Memorias de Francisco H. Tabernilla Palmero*, Miami, Ediciones Universales, 2009. Tabernilla fue oficial del Estado Mayor del Ejército Cubano y ayudante personal de Fulgencio Batista.

El historiador norteamericano Theodore Draper apunta al conflicto que Castro y sus seguidores confrontaron entre las promesas que había hecho para llegar al poder y sus verdaderas intenciones. Draper subraya que «algunos de los partidarios del castrismo comenzaron a reeditar la historia, ¡solo dos años después del final de la lucha! mediante un proceso de selección que eludía toda mención a semejantes promesas».[15] En realidad, a lo largo del mismo 1959, ya el propio Fidel Castro en sus discursos desbarraba contra todo lo «de antes», incluyendo las leyes constitucionales, e imponía las que denominaba «revolucionarias».

Aunque en los últimos años parece haber un interés de parte de algunos intelectuales en la Isla de revisar la primera mitad del siglo 20, estos esfuerzos son muchas veces insuficientes. Por ejemplo, parece querer destacarse de nuevo el valor de la Constitución de 1940. El propio Fidel Castro reconoció hace pocos meses: «Antes de iniciarse la Guerra Fría, en la propia Cuba existía una Constitución bastante progresista, la esperanza y las posibilidades de cambios democráticos aunque nunca, por supuesto, la de una revolución social».[16]

En una reciente conmemoración en La Habana por los 70 años de la suscripción de la hasta ahora

---

[15] Thedore Draper, *La Revolución de Castro. Mitos y realidades*. México, Libros Mex, 1962, p. 21.

[16] *Granma*, La Habana, 9 de abril de 2010

vilipendiada Constitución de 1940, los oradores alabaron sus méritos. Armando Hart Dávalos la describió «como una de las más progresistas de su tiempo».[17] Afirmó asimismo que ella:

> *Expresa el pensamiento político cubano de la década del 40 logrado por consenso público y formalizado por la Asamblea Constituyente, en la que estuvieron presentes tanto figuras de la derecha como una destacada representación de los comunistas y de las fuerzas revolucionarias provenientes de la lucha contra Machado.*
>
> *Como representantes de un pensamiento conservador burgués sobresalen Emilio Núñez Portuondo, Carlos Márquez Sterling, José Manuel Cortina o Alfredo Hornedo, entre otros, y en el campo de las fuerzas revolucionarias y progresistas habría que mencionar a Blas Roca, Eduardo Chibás, Salvador García Agüero y Juan Marinello.*

Sin embargo, Hart no hace mención alguna de la habilidad democrática con que Márquez Sterling, el pretendido conservador burgués, dirigió la Asamblea, y mucho menos reconoce que los asambleístas miembros del Partido Comunista eran apenas 6, de un total de 76, de modo que el talante progresista de la constitución no hubiera sido posible sin el apoyo de muchos de sus miembros. En realidad, la mayoría de los trabajos sobre la Asamblea Constituyente

---

[17] Armando Hart Dávalos, "Constitución de 1940: un hito esencial de la tradición jurídica cubana", *Juventud Rebelde*, 10 de octubre de 2010

publicados en Cuba no mencionan a Márquez Sterling. Tampoco le hacen justicia los libros de historia, incluso no pocos de los escritos en otros países, mencionan siquiera las elecciones de 1958 y soslayan la posibilidad que entonces tuvo Cuba de haber buscado la prosperidad con justicia social por otros rumbos. Esta narrativa alternativa, hasta ahora suprimida, vendría a subrayar que la historia no es nunca lineal y que el rumbo concreto de Cuba a partir de 1959 no respondía a una pretendida *necesidad* histórica ni era *inevitable*. Pero para apuntalar una perspectiva historiográfica oficial que presentase al régimen surgido después de 1959 como la única sociedad *materializable* en la isla dada la trayectoria precedente, se hizo necesario silenciar, borrar y desacreditar a figuras prominentes y desvirtuar hechos destacados de la historia republicana.

Se avecinan cambios en Cuba en un futuro próximo. No pueden limitarse a los de orden económico, político, social. Como ha reconocido la Universidad de Cambridge[18] existe un gigantesco reto cultural en la fase post conflicto: el rescate de identidades y de la memoria histórica.

El fusilamiento de la reputación de la clase política cubana de la época republicana, debe ser revisitado por

---

[18] La Universidad de Cambridge impulsa un programa sobre "Identidad y conflicto: patrimonio cultural y la reconstrucción de identidades tras conflicto". Ver
http://www.cric.arch.cam.ac.uk/

historiadores capaces de lanzar una mirada fresca sobre el pasado. El estudio objetivo de aquella sociedad que nos legaron las luchas mambisas —llena entonces como ahora de defectos, fallas, bribones, corruptos, pero no sin méritos, empeños nobles y seres humanos íntegros—, es una labor imprescindible para la construcción de un futuro mejor para Cuba. No se trata de un criterio personal. En la famosa Carta 08 de Liu Xiaobo, el disidente chino, flamante merecedor del Premio Nobel de la Paz, propone en el no. 19 «*Verdad en la reconciliación*. Deberíamos restablecer la reputación de todos los individuos, y también la de sus familias, que se han visto estigmatizados políticamente en pasadas campañas o que han sido tachados de criminales por sus ideas, manifestaciones verbales o por su fe».[19] Esta fórmula será igualmente útil para un proceso de reconciliación en Cuba.

---

[19] Ver http://www.scribd.com/doc/38968692/Liu-Xiaobo-Carta-08-Manifiesto-de-la-disidencia-china

Carlos Márquez Sterling con Nestor Carbonell durante la
campaña política en 1958

Carlos Márquez Sterling con su esposa Uva Hernández Catá
sale de su casa en La Habana a ejercer el voto,
el 3 de noviembre de 1958

Publicidad del Partido del Pueblo Libre y de su candidato Carlos Márquez Sterling en el proceso electoral de 1958. El pie de foto original dice: «¿Quién conspira contra la felicidad de los cubanos, los que afirman de antemano que van a dar la brava, o los que llaman al pueblo para evitar que den esa brava?... » «No aceptes la brava de antemano; obliga al Gobierno a dar la brava si es que se atreve a darla nuevamente. ¿Cómo lo obligas? Pues teniendo tu cédula y concurriendo a votar...» Carlos Márquez Sterling.

Carlos Márquez Sterling en el exilio.
New York, 1975

EL FUSILAMIENTO DE LA REPUTACIÓN DE LOS EMPRESARIOS CUBANOS. ANÁLISIS DE LOS ATAQUES A AMADEO BARLETTA

Juan Antonio Blanco

I. Origen y objetivo de la presente investigación

Lo que expongo a continuación representa el resumen de una extensa investigación aun inédita. Pero, ante todo, es pertinente introducir un breve comentario, a modo de presentación personal, acerca de las razones que motivaron esta indagación.

Obtuve mi doctorado en la especialidad de Historia de las Relaciones Internacionales, y a lo largo de mi vida he compartido las tareas de profesor e investigador académico en ese campo, con las de diplomático y analista político. En Cuba, durante una década (1987-1997) pertenecí, casi desde su creación, a la Comisión Nacional que otorga los grados científicos en la especialidad de Historia. Como miembro de esta Comisión, fui responsable, junto a otros colegas, de evaluar las tesis de doctorado en esa especialidad. Esta actividad académica me obligó a ejercer el análisis crítico de los trabajos presentados, no solo desde el punto de vista de sus conclusiones, sino también sobre el rigor metodológico empleado por el aspirante a doctor.

A raíz de los sucesos que el 28 de junio del 2009 desplazaron a Manuel Zelaya de la Presidencia de Honduras, comencé a preparar un artículo que comparaba la política de buen vecino de Franklin D. Roosevelt en el pasado siglo, con la que al parecer quería ensayar el presidente Barack Obama en la crisis hondureña. Así encontré que si Honduras era el primer examen para la nueva política hemisférica anunciada por el Presidente Obama en la Cumbre de las Américas celebrada en Trinidad y Tobago, en abril de ese año, para Franklin D. Roosevelt lo había sido el conflicto con Mussolini en torno al encarcelamiento del Cónsul de Italia en la República Dominicana por órdenes del dictador Leónidas Trujillo en 1935.[1] Curiosamente, el diplomático situado en el centro de tan relevante hecho hemisférico e internacional, el Sr. Amadeo Barletta Barletta, fue un próspero inmigrante italiano que luego tendría una destacada presencia en la historia económica de Cuba.

---

[1] Como es sabido, el Presidente Franklin D. Roosevelt intentó alejarse de la política del «Gran Garrote» de sus predecesores y anunció una nueva relación hemisférica que se dio en llamar del «Buen Vecino». Un hecho ocurrido en 1935 en la República Dominicana puso a prueba la capacidad que podía mostrar Washington de proteger sus intereses, sin tener que interferir o intervenir en los asuntos de otros países de la región.

El dictador Rafael Leónidas Trujillo dijo haber descubierto una conspiración para asesinarle, y entre los detenidos por esa causa estaba el entonces Cónsul Honorario de Italia, señor Amadeo Barletta. Como sostenía relaciones fluidas con Estados Unidos, Trujillo consideró que apresar al Cónsul italiano era un pecado que le sería perdonado por Washington, sobre todo si lograba mostrar algún tipo de confesión o evidencia de la culpabilidad del diplomático. La sospecha no era del todo infundada, ya que Amadeo, en efecto, le había ofrecido ayuda financiera en una oportunidad anterior al grupo del General Desiderio Arias[2] que planeaba derrocar a Trujillo, aunque el dictador no tenía conocimiento de este hecho. Trujillo en realidad no le tenía simpatía o confianza alguna a Barletta.[3]

---

[2] Bernardo Vega, *Desiderio Arias y Trujillo se escriben,* República Dominicana, Fundación Cultural Dominicana, 2009, pp. 150-151, 153, 178, 243, 248-249, 281, 289.

[3] Según se reporta en el expediente 100-15049 del FBI elaborado por S.F. Ducibella el 21 de noviembre de 1941, Barletta le confesó a sus amigos de la General Motors que había aceptado la oferta de ser Cónsul de Italia en República Dominicana —lo cual no le reportaba ningún beneficio apreciable a sus ya prósperos negocios— en la esperanza de que ello le ofreciera alguna inmunidad frente a Trujillo. Después que el gobierno italiano se jugó todas sus bazas para extraerlo de las mazmorras del caudillo dominicano y le ofreció que aceptase la plaza de Cónsul honorario en La Habana, Barletta la aceptó nuevamente aunque en esa ocasión en agradecimiento por haberle salvado la vida. (S. F. Ducibella, *Amadeo Barletta. File No. 100-15049*, New

Cuando Barletta fue detenido en 1935 en la siniestra prisión de Nigua[4] la principal motivación de Trujillo fue la confiscación de sus propiedades, en particular de una empresa tabacalera que le hacía la

---

York, Federal Bureau of Investigation, 21 de noviembre 1941. Archivos Nacionales y Administración de Records (NARA), en Maryland).

[4] Estar encarcelado en la cárcel de Nigua, según los testimonios de quienes sufrieron esa pesadilla, era la peor de las opciones. (Nigua es un parasito que se incrusta en la carne, en especial los pies y puede llegar a impedir caminar a la persona). En aquel entonces se solía decir «era mejor tener cien niguas en un pie, que un pie en Nigua». Raúl Roa en la Introducción a *Una Gestapo en América* lo describe así:

No hay imaginación, por rica y diabólica que sea, capaz de inventar las atrocidades de la cárcel de Nigua y de la fortaleza del Homenaje. Únicamente sería dable contrastarlas con las perpetradas por los nazis en los campos de concentración. Pocas veces se propinó a la dignidad humana tan brutales ultrajes como en estos antros del crimen, sitios a unas horas de vuelo de la costa cubana. Ni conmiseración para el débil, ni piedad para el enfermo, ni respeto para la desgracia. Todos, ancianos y jóvenes, blancos y negros, pobres y ricos, intelectuales y legos, uncidos al común suplicio del trabajo forzado, de la bazofia inmunda, de la soledad enloquecedora de la «solitaria», del abandono inclemente, de los estragos del paludismo, de la mocha, del tortor y del «cantaclaro». Todos, absolutamente todos, ofendidos y humillados, día a día, hora a hora, minuto a minuto, por un torvo enjambre de facinerosos [...] «Más vale tener cien niguas en un pie que un pie dentro de Nigua». (Raúl Roa, Introducción en *Una Gestapo en América*, de Juan Isidro Jimenes Grullón, Santo Domingo, Sociedad Dominicana de Bibliófilos, 2003, p. 15-23).

competencia a otra empresa de ese ramo propiedad del dictador. El Departamento de Estado en Washington resistió por algún tiempo las presiones de la poderosa General Motors (asociada a la Santo Domingo Motors, propiedad de Amadeo Barletta en República Dominicana) y de la Penn Tobacco Company de Filadelfia (asociada a la empresa Dominican Tobacco Company también propiedad de Barletta) para que presionase a Trujillo. Sin embargo, las cosas cambiaron cuando un diplomático italiano finalmente logró el acceso a Barletta en su celda, informó a su gobierno y al Departamento de Estado sobre el deterioro físico y mental que el prisionero mostraba, como resultado de los brutales interrogatorios a que estaba siendo sometido para arrancarle una confesión que lo autoinculpase de planear el pretendido magnicidio.

Roma decidió entonces sondear los límites que separaban la recién inaugurada política de Buen Vecino y la persistencia de la mentalidad de la Doctrina Monroe: si los EEUU habían abandonado realmente la Doctrina Monroe y por ello no creían necesario intervenir en este asunto, el Duce podría hacer una demostración de fuerza naval con sus propios barcos de guerra en Republica Dominicana para persuadir a ese gobierno de que tenía que liberar incon-dicionalmente al Cónsul de Italia.[5] Lo cierto es que

---

[5] En dos telegramas del Sr. Schoenfeld, Embajador en la República Dominicana, al Secretario de Estado de EEUU se ratifica que el Embajador italiano amenazó con mandar barcos de guerra a Santo Domingo si Estados Unidos no resolvía la situación de

Washington a partir de entonces agilizó las gestiones y persuadió a Trujillo de que liberase a Barletta.

Después de semanas de encierro solitario, interrogatorios violentos, *revolvers* que le apuntaron y de ver a otros prisioneros regresar a sus celdas destrozados tras sesiones de torturas para luego ser rematados, Barletta fue finalmente liberado y se le revocaron los decretos y sanciones judiciales por medio de las cuales le habían confiscado sus propiedades y retirado sus fueros diplomáticos. Para su perplejidad, fue citado a una entrevista personal con Trujillo, quien haciendo uso de su habitual cinismo culpó a sus subalternos de todo lo sucedido y destituyó al ministro de Relaciones Exteriores.[6]

Barletta. Schoenfeld escribe en el segundo mensaje: "he again indicated that his government might decide to make a naval demonstration here and sounded me as to our attitude in such eventuality." (Él indicó otra vez que su gobierno podría decidir hacer una demostración naval aquí y me auscultó respecto a nuestra actitud en tal eventualidad). [Traducción del autor] Shoenfelf, *Exp. 339.115 General Motors Co./95: Telegram*, Santo Domingo, 10 de mayo de 1935. Shoenfelf, *Exp. 339.115 General Motors Co./85: Telegram*, Santo Domingo, 8 de mayo de 1935. Archivos Nacionales y Administración de Records (NARA), en Maryland.

Algunos historiadores dudaban que esa conversación hubiese realmente tenido lugar pero estos documentos oficiales de Estados Unidos encontrados por el autor así lo verifican.

[6] J. F. McGurk, *Memorándum: Conversación entre Amadeo Barletta, Dominican Tobacco Company y la Dominican Motors Company, Mr.*

Durante el estudio del incidente de 1935, tropecé con un inusitado volumen de informaciones sobre Amadeo Barletta, «colgadas» en el pasado reciente en varios sitios de Internet, casi todas basadas en las tesis provistas por un mismo autor cubano. Decidí, entonces, hacer una investigación separada sobre las causas de ese fenómeno y sobre la seriedad de las graves imputaciones que se le hacían a Barletta.

El nombre de Amadeo Barletta era apenas un recuerdo de mi infancia, desdibujado por el tiempo. Su biografía y la mía no se habían cruzado, salvo por el hecho de que ambos cohabitamos la misma isla. Yo tenía once años cuando él se exilió y la vida nos trazó rumbos diferentes y opuestos. Pero las acusaciones que esta bibliografía reciente vertía en su contra parecían más bien entrelazadas con un objetivo de mayor alcance: condenar a toda una clase social y a la era republicana que precedió la revolución de 1959.

La tesis central, repetida con la machacona insistencia de toda propaganda, no era sólo que Amadeo Barletta fue un mafioso, sino que la República de Cuba, desde los años 30 del siglo pasado hasta la revolución de 1959, fue un Estado delincuencial controlado por la mafia italoamericana, en contubernio

---

Clark, Representante de Puerto Rico de la General Motors Corporation y el señor McGurk, asistente del Secretario Welles, Exp. 339.115 General Motors Export Co./198, Washington, Departmet of State, 5 de junio de 1935. Archivos Nacionales y Administración de Records (NARA), en Maryland.

con los servicios de inteligencia de Estados Unidos y políticos locales, como Fulgencio Batista. Según ese criterio, la prosperidad económica alcanzada por la isla antes de 1959 respondió a los negocios turbios de la alianza entre esas fuerzas.

A primera vista, se trataba de una modalidad novedosa del enfoque tradicional de la historiografía oficial revolucionaria, la cual invariablemente presenta a Cuba como una isla miserable y corrupta, controlada completamente por EEUU —y por ello, carente de todo desarrollo político o económico autóctono—, que fue finalmente rescatada de esa ignominiosa situación por Fidel Castro. Lo nuevo en esta argumentación era el ingrediente de la mafia como actor protagónico en la historia de Cuba. La interrogante inmediata que eso planteaba era por qué, y en qué circunstancias los patrocinadores gubernamentales de esa historiografía oficial habían sentido la necesidad de darle ese nuevo giro a sus enfoques. Desecharlo por pedestre no era una postura válida.

El *pop culture,* producido en EEUU pero exportado a todo el planeta, muestra una permanente fascinación por los gánsteres y el tema de la mafia. La ficción pasa a ser realidad una vez que se adhiere a las páginas de los *best sellers* y salta al celuloide en Hollywood. Los académicos, en particular los historiadores, no podemos vivir de espaldas a esas circunstancias. Los encargados de producir la propaganda ideológica conocen muy bien la ventaja de lograr que Hollywood acepte sus premisas y las incluya en los *script* de sus films.[7]

Aunque no me resultaba posible involucrarme en una investigación de mayor calado, creí productivo tirar por uno de los hilos más novedosos de aquella madeja: la pretendida historia criminal del empresario Amadeo Barletta sobre la cual no reportaba ningún libro de historia —ni tan siquiera oficial— hasta entonces.

Para abordar el tema preferí no formular hipótesis previas, sino desarrollar una estrategia de doble riel, que suponía:

a) intentar la reconstrucción cronológica más exacta posible de la vida de Amadeo Barletta y ubicarla en el contexto histórico en que vivió;

b) no formular hipótesis previas, sino intentar corroborar primero las que ya circulaban yendo a sus fuentes, para luego contrastar aquellas aseveraciones con nuevas evidencias y realizar

---

[7] Persiguiendo el objetivo de presentar como «escoria» a los 125,000 cubanos salidos por el Puerto del Mariel hacia Estados Unidos en 1980, el gobierno cubano liberó convictos de las cárceles y los incluyó en aquel éxodo. Pero la imagen criminal del «marielito» la construyó el film *Scarface*. El personaje del exiliado delincuente Tony Montana, personificado magistralmente por Al Pacino, vino a enraizarse en el imaginario social desde entonces.

el análisis crítico del rigor metodológico mostrado por esos autores;

c) desechar las aseveraciones basadas en suposiciones o sospechas —al estilo de las teorías conspirativas— que no estuviesen fundamentadas en evidencias (testimonios, documentos) comprobadamente genuinas y cuya veracidad fuese posible verificar.

Se trataba de establecer una aproximación factual hacia la biografía de Amadeo Barletta, ver el modo en que ella se entretejía con la época en que vivió, y poder confirmar o descartar cuanto de cierto y falso pudiera haber en las imputaciones que se le formulaban. Si al intentar corroborarlas se evidenciaba que dichas acusaciones resultaban falsas o sin sólido fundamento, tendría entonces que aportar una explicación plausible al por qué un creciente número de autores y sitios en Internet las hacían suyas de manera directa o indirecta.

En otras palabras, me vi obligado a indagar y explicar no sólo la historia real de esta personalidad, sino también a explorar las razones y fuerzas detrás de las recientes y crecientes acusaciones en torno a este individuo, si es que no se corroboraban a lo largo de la investigación. Ese propósito supuso, por lo tanto, emprender el análisis crítico de las fuentes empleadas por los autores para fundamentar esas aseveraciones. De igual forma, se hizo necesario —más allá de su mayor o menor rigor metodológico— descifrar las motivaciones y el contexto que pudieron haber llevado a los autores a formular sus tesis de ese modo. Por último, pero no menos importante, tuve que indagar acerca de las fuerzas que hacían prosperar a ritmo acelerado la difusión de esas informaciones en los últimos años.

Esta indagación supuso una considerable inversión de tiempo que no me sobraba en aquel instante, pero la temática era fascinante y prometía arrojar luz sobre otros procesos paralelos de la historia de la época, cuya comprensión es relevante para analizar procesos vigentes en la actualidad. Por ello decidí, al completar mi artículo sobre la crisis en Honduras, dedicar un semestre a producir una investigación preliminar sobre la vida de Amadeo Barletta y las acusaciones que se le hacían.

Se avecinan cambios en Cuba y se hace necesaria la reconstrucción más exacta y desideologizada posible del pasado, en una sociedad cuyas instituciones oficiales lo han tergiversado por medio siglo. No se trata de desplazar un relato oficial por otro, sino de construir una interpretación plural de nuestro pasado que apele a las diversas narrativas, sin por ello ceder espacio a la construcción deliberada de falsedades que se presentan como verdades unívocas.

La historiografía siempre es pluralista, la propaganda no lo es. Los historiadores de cualquier inclinación ideológica persiguen la verdad sobre los hechos. La propaganda no se interesa por la verdad, sino por manipular las percepciones de manera instrumental para servir una finalidad decidida de antemano.

II. Ideología, propaganda e historiografía

El asesinato de la personalidad (*character assassination*) es la destrucción deliberada de la reputación de una persona, grupo social, institución o época, mediante el uso combinado de diversas técnicas de propaganda y acciones encubiertas de desinformación. Los que promueven esta actividad pueden o no emplear algunos elementos reales descontextualizando los hechos y distorsionando su significado, para hacer creíbles otras acusaciones totalmente inciertas. El objetivo del asesinato de reputación es provocar que la víctima sea rechazada por la comunidad, familia, colegas y/o la opinión pública. En general, es una estrategia que puede preceder o desarrollarse de manera paralela a otro tipo de asesinato, sea físico o económico.

Analizar el contexto histórico en que emergen estas campañas estatales de *character assassination*, las motivaciones detrás de cada una de ellas, el modo en que operan y las personas e instituciones asociadas a ellas es también tarea de la historiografía.

Los diversos ataques oficiales formulados contra el empresario Amadeo Barletta constituyen un ejemplo paradigmático de cómo se gestan y promueven esas campañas estatales destinadas al asesinato de la reputación de los adversarios del gobierno cubano. Es por esa razón que el autor de este ensayo lo ha escogido como botón de muestra, para estudiar el mecanismo oficial de *character assassination* que se utiliza en Cuba.

Este ejemplo —como muchos otros— no constituye evidencia del sometimiento de los científicos sociales cubanos y sus instituciones al poder político. Por el contrario, la regla de las últimas cinco décadas ha sido la perenne tensión entre la natural vocación profesional por el rigor metodológico que exhiben los historiadores, y la pretensión de domesticar su pensamiento y escritos con una política de zanahorias y garrotes por parte de las autoridades.

En muchas ocasiones el poder político ha tenido que recurrir a escritores oficialistas sin reconocimiento ni formación profesional como historiadores o politólogos, para sustituir las voces de los genuinos científicos sociales que, generalmente, se resisten o esquivan de varias maneras la demanda de prestar sus plumas a hipótesis dudosas. Siempre ha sido motivo de resentimiento el modo arbitrario en que los mecanismos de control ideológico inflaron de manera artificial las trayectorias intelectuales de escritores que incondicionalmente ofrecieron sus servicios al poder, mientras mantuvieron a otros académicos —genuinamente marxistas incluso, pero precisamente por ello críticos— en la marginalidad editorial y docente. Tales situaciones les son particularmente molestas a aquellos científicos sociales —en especial a los historiadores— que toman en serio, tanto su vocación socialista como el rigor metodológico que impone la dignidad de su profesión. Para ellos, cuando no están atrapados por el dogmatismo —que puede ser sincero u oportunista según el caso—, el marxismo no es herramienta propagandística, sino una escuela de pensamiento teórico abierta al cambio y la innovación.

Los estudios históricos siempre han sido vistos en cualquier sociedad como fuentes de legitimación del poder. En el caso cubano, además de intentar justificar la «inevitabilidad» histórica —y por tanto legitimidad— del proceso revolucionario, también han sido utilizados como excusas para justificar cualquier escándalo o insuficiencia endémica, en tanto incidente aislado o mal menor, atendiendo al «horrible pasado capitalista» del que emergió el régimen actual. [8]

---

[8] La visión determinista y lineal del proceso histórico, promovida por las vertientes más ortodoxas del marxismo desde el siglo XIX, entró en crisis definitiva con los sucesos de 1989, cuando se derrumbaron los regímenes que se habían declarado monopolizadores del camino al futuro. A partir de entonces, resultó indiscutible que siempre hay más de un futuro posible que anida en el presente, hasta que uno de ellos —o una mezcla de todos— se impone. El corolario lógico de ese aserto es que, si existe siempre más de un futuro posible, entonces siempre hubo más de un pasado posible también. La guerra civil contra Batista la libraron fuerzas de vocación democrática y otras de tendencia totalitaria. Los conflictos entre ambas pasaron a expresarse como una nueva guerra civil a partir de 1959. El presente que hoy vive Cuba no era «inevitable» ni expresaba una «necesidad» de la historia. Era solamente uno de los futuros posibles en 1958. Los problemas que aquejaban a la isla pudieron haber sido también abordados por la vía alternativa social democrática, que en Cuba resultaba no menos nacionalista que su contraparte radical. Pero esta comprensión compleja y no-lineal del devenir

Pero una cosa es la faena de los historiadores y las diferentes producciones historiográficas que generan desde sus diferentes paradigmas interpretativos, y otra es la propaganda y el asesinato de reputaciones.

Hecho y ficción (historiografía versus teorías conspirativas)

En sociedades cerradas, las instituciones políticas presionan sobre la indagación histórica, en la búsqueda de resultados investigativos que sustenten las políticas en curso y legitimen las acciones pasadas del régimen en cuestión. Los académicos que se apartan de los axiomas oficialmente sancionados son vistos con suspicacia y se exponen a represalias, a veces más abiertas y en otras más sutiles.

Un desafío a esta investigación es la distancia insalvable entre hecho y ficción cuando se ha renunciado al rigor en el método historiográfico a favor de conclusiones pre decididas por alguna teoría conspirativa generada o bendecida oficialmente. Es muy probable, por ejemplo, que al demostrarse la arbitrariedad de las pretendidas «pruebas» que se esgrimen contra Amadeo Barletta, se dirá que la ausencia de evidencias que lo culpan no demuestra su inocencia porque seguramente fueron escondidas o destruidas. Bajo un régimen totalitario son los acusados

---

histórico no es la que disemina el estado cubano actual a través de su maquinaria cultural, educativa y de propaganda.

los que tienen que demostrar su inocencia con evidencias, mientras los fiscales reclaman su sentencia por «convicción».

El desmontaje del capitalismo nacional

Las fuerzas que gradualmente lograron centralizar el poder entre el triunfo revolucionario de 1959 y la primavera de 1961, condenaron a muerte al capitalismo cubano y a su clase empresarial. Sin embargo, no podían mostrar desde un inicio sus verdaderas intenciones por el temor a que sus futuras víctimas se unieran tempranamente en un frente común. Fue por eso que la llamada Ley Fundamental, de 1959, que sustituyó a la Constitución de 1940, en cuya defensa se luchó contra Batista, prohibía las confiscaciones de propiedades, salvo en los casos en que hubiesen «indicios razonables de enriquecimiento ilícito» al amparo del derrocado régimen dictatorial.

Este enfoque permitió un proceso de expropiaciones que comenzó por los casos más evidentes de culpabilidad y se extendió progresivamente a otras personas inocentes, pero a las que se les calumniaba en los medios de comunicación como «batistianos», para generar una atmósfera favorable a la confiscación de sus bienes. La burguesía cubana parece haber demorado en tomar conciencia de que ya las expropiaciones tenían poco que ver con las evidencias que el fiscal esgrimiese contra el inculpado. No vieron con claridad que hoy vendrían por otros y mañana por ellos.[9]

No se trataba —como muchos pensaban— de «excesos» cometidos por jóvenes radicales, inexpertos, pero bien intencionados. Lo que en realidad sucedía era que estaba en marcha un plan maestro para la liquidación no solo de la clase burguesa, sino de todo el mercado, que ya para 1968 quedaría totalmente estatizado en manos de un gobierno de partido único. Las expropiaciones comenzarían en 1959 por genuinos corruptos del régimen anterior, continuarían después con las más altas figuras de la clase burguesa y se extenderían luego —en marzo de 1968— a todo aquel que tenía un trabajo por cuenta propia o una micro empresa. Pero a inicios de los años sesenta, privar a sus enemigos de recursos económicos y de medios de comunicación independientes del Estado a los que pudieran acudir a exponer su perspectiva de la situación, resultaba crucial para Fidel Castro y el núcleo de dirigentes radicales en su entorno inmediato.

La implementación de esa estrategia, que en sus inicios se ejerció contra la gran empresa, terminó en

---

[9] Un caso interesante es el del magnate azucarero Julio Lobo. Conociendo el excepcional talento industrial y pericia financiera de Lobo, Ernesto Guevara le hizo una oferta que él consideraba generosa: expropiarlo pero ofrecerle un puesto de asesor con el gobierno revolucionario. (John Paul Rathbone. *The Sugar King of Havana: The Rise and Fall of Julio Lobo, Cuba's Last Tycoon*, The Penguin Press HC, 2010)

1968 con la llamada «ofensiva revolucionaria» contra miles de pequeños y medianos negocios y con el cierre del trabajo por cuenta propia en todo el país. Los carpinteros y los plomeros independientes también serían acusados en su momento de ser una fuerza social contrarrevolucionaria.

Ya para el 13 de marzo de 1968 Fidel Castro no tenía que disfrazar sus objetivos: «De manera clara y terminante debemos decir que nos proponemos eliminar toda manifestación de comercio privado, de manera clara y terminante».[10] Sin embargo no dejaba de emplear contra estos humildes emprendedores la misma técnica de fusilar su reputación empleada antes contra los escalones superiores de la clase empresarial: «Si mucha gente se preguntara qué clase de revolución es esta que permite semejante clase de parásitos todavía a los nueve años, tendría toda la razón de preguntárselo. Y creemos que debemos ir proponiéndonos, firmemente, poner fin a toda actividad parasitaria que subsista en la Revolución».[11]

Este proceso gradual de liquidación de las relaciones de mercado en Cuba y de aniquilamiento de los sectores sociales asociados a ellas, siempre fue el *leit*

---

[10] Fidel Castro. Discurso pronunciado en el Acto Conmemorativo del XI Aniversario de la Acción del 13 de Marzo de 1957, efectuado en la escalinata de la Universidad de La Habana, Castro Speech Data Base, LANIC, University of Texas at Austin, http://lanic.utexas.edu/.

[11] *Ibid.*

motiv real que se escondía detrás de cada acusación individual. Es por ello que quienes eran víctimas de ataques injustos no tenían la menor posibilidad de escapar a su destino, por muchas evidencias a favor de su inocencia que pudiesen reunir.

En esta cuestión la revolución cubana siguió el espíritu y metodología de los bolcheviques al menospreciar la culpabilidad o inocencia de los individuos y juzgar exclusivamente la «culpabilidad» de una clase social. Nadie expresó mejor ese enfoque que el segundo jefe de los servicios de la policía secreta (Cheka) de Lenin, el temido Latvian M.Y. Latsis, al explicar el verdadero significado del «terror rojo»:

> *La Comisión Extraordinaria no es ni una comisión investigadora ni un tribunal. Es un órgano de lucha que actúa en el frente interno de la guerra civil. No juzga al enemigo, lo golpea (…) No estamos llevando a cabo una guerra contra individuos. Estamos exterminando la burguesía como clase. No estamos buscando evidencias o testigos que revelen hechos o palabras contra el poder soviético. La primera pregunta que hacemos es a cuál clase usted pertenece, cuáles son sus orígenes, crianza, educación o profesión. Estas preguntas definen el destino del acusado. Esta es la esencia del Terror Rojo.* [12]

---

[12] Paul M Johnson, *Modern Times Revised Edition. The World from the Twenties to the Nineties*, New York, Perennial, 1983, pp. 70-71.

III. Las tres campañas contra Amadeo Barletta

La vida de Amadeo Barletta Barletta, como la de cualquier persona, no carece de situaciones que den pie al legítimo debate sobre las opciones —acertadas o erradas, pero explicables— que adoptó en algún momento de su existencia. Sin duda, su simpatía inicial por el régimen de Mussolini, actitud compartida con la mayoría de los italianos durante años, es una de ella.

En efecto, sus negocios llegaron a ser incluidos en las llamadas listas negras de empresas italianas y alemanas (*Proclaimed List of Certain Blocked Nationals*) y tuvo algunas dificultades para obtener visados en EEUU por haber sido Cónsul de su país, como hoy les sucede a muchos funcionarios cubanos por su conexión con ese gobierno y/o el Partido Comunista. Esas sanciones colectivas fueron levantadas posteriormente.

Pero, como evidencian las pesquisas del propio FBI, más allá de prestar servicios consulares honorarios a Italia en República Dominicana[13], Barletta no estuvo

---

Toma la cita de Harrison Salisbury. *Black Night; White Snow: Russia's Revolution 1905-1917*, London, 1978, p. 565. [Traducción del autor.]

[13.] Vega, *Op. Cit*, p 325. Bernardo Vega afirma: «La colonia italiana no promovía actividades culturales vinculadas con su Madre Patria. Por su relativamente larga estadía en el país y por esa falta de cohesión, los italianos se asimilaron a la vida dominicana mucho más rápidamente que otros grupos extranjeros (v.g. los alemanes), debilitándose así su sentimiento de nacionalidad. Por estas razones el apoyo de esa colonia al

involucrado en ningún acto criminal o de espionaje en esa época, cuando la inmensa mayoría de los italianos, y no pocos en el extranjero, profesaban su apoyo fanático al proyecto del Duce.[14]

El hecho de que los gobiernos democráticos de posguerra le concedieran algunas de las más altas condecoraciones de Italia a Barletta[15] dicen de la

fascismo de Mussolini fue bastante tibio. La Embajada norteamericana siempre reportó que los italianos hacían pocos esfuerzos por propagar ideas fascistas entre los dominicanos y que no realizaron ningún tipo de actividad de espionaje o de ayuda a su país en la contienda bélica».

[14] El informe del FBI que obra en el expediente 100-1660 elaborado por Mario L. Brown el 5 de febrero de 1941, declara cerrada las pesquisas sobre Amadeo Barletta al que se exonera de sospecha por actividades antiamericanas (Un-American). Años más tarde, en junio de 1945, su nombre sería retirado de las listas de nacionales italianos cuyas empresas eran sometidas a medidas de embargo. En los documentos relacionados con esas investigaciones el FBI no hace mención alguna a conexiones del empresario con actividades o elementos criminales. L. Marion Brown. *Amadeo Barletta. File No. 100-1660*, Miami, Federal Bureau of Investigation, 5 de febrero de 1942. Archivos Nacionales y Administración de Records (NARA), en Maryland.

[15] El Ministro de la Industria y el Comercio le otorga la orden de «Caballero al Mérito del Trabajo», siendo el primer italiano residente fuera de Italia que lo recibe. Gronchi. *Cavaliere al Merito del Lavoro No. 1329*. Foglio 121. Volume I, Minitro per l' Industria ed il Commercio. Presidente Della Repubblica, 2 de junio 1955.

positiva valoración que se tenía de este empresario que sirvió durante algunos años como Cónsul de Italia en dos países del Caribe durante parte del gobierno de Mussolini. Particularmente es significativo que en el caso de la «Orden de la Estrella de Solidaridad Italiana» fuese Winston Churchill la decimoquinta personalidad en recibirla[16] y Amadeo Barletta la decimo sexta. El cuanto a la Orden de «Caballero al Merito del Trabajo» Barletta fue el primer italiano que sin haber residido por muchos años en su país la recibiese.

Los ataques lanzados contra la reputación de este empresario de origen italiano tuvieron poco que ver, sin embargo, con el debate legítimo que los historiadores pudieran sostener sobre la cercanía de Barletta al régimen de Mussolini.

---

[16] Gli Affari Esteri. *Ordine della Stella della Solidarietà Italiana No. 16*, Presidente Della Repubblica Italiana, 18 de noviembre 1952. La "Orden de la Estrella de Solidaridad Italiana" es una orden nacional creada en 1947 por el primer presidente de la República Italiana, Enrico De Nicola, para reconocer a civiles y militares expatriados o extranjeros que hubiesen realizado una contribución sobresaliente a la reconstrucción de Italia. La Orden tenía diferentes categorías, el 18 de diciembre de 1948, Barletta recibió por primera vez este reconocimiento (Expediente No. 9); la que recibió en 1952, expediente No 16, era el grado máximo de la orden. El expediente No. 15 correspondió a Winston Churchill.

El análisis pormenorizado de las acusaciones contra este y otros empresarios adquiere una importancia que desborda la obligación moral de proteger la imagen de sus víctimas. Su honra personal y la de la historia nacional republicana están ahora entrelazadas por una propaganda que pretende presentarse como historiografía para denigrar la de ambos.

Primera campaña contra Amadeo Barletta

En los últimos cincuenta años, la imagen de Amadeo Barletta ha sido agredida mediante tres campañas concertadas y/o auspiciadas por el gobierno de Cuba. La primera (1960) estuvo dirigida a justificar la intervención de las propiedades de Barletta, en particular del periódico y la estación de TV, sobre la única justificación que la ley permitía entonces para una confiscación: haberse enriquecido al amparo de la dictadura de Batista. En ese punto se centraron las acusaciones.

En aquel momento ya se extendía en toda la isla una guerra civil. La rebelión anticomunista llegó a tener miles de insurrectos y focos insurgentes en tres provincias. En ese contexto el gobierno necesitaba con urgencia una estación de TV de alcance nacional, como *Telemundo*, y un periódico de igual alcance, como *El Mundo*, para la difusión de su propaganda de guerra. Para arrebatárselos a Barletta era necesario presentarlo como batistiano.

Sin embargo, Barletta nunca se enriqueció a la sombra de Fulgencio Batista y Zaldívar en Cuba; sus intereses empresariales y propiedades fueron afectados en más de una ocasión y de manera sensible por ese político cubano. Ningún funcionario o familiar de Batista estuvo asociado a los negocios de Barletta, ni éste recibió financiamientos de las instituciones del Estado bajo su régimen dictatorial. El Administrador de Aduana del régimen de Batista le negó siempre a Barletta las exoneraciones que le correspondían, según la ley de 1957, para que los ensambladores de sus empresas importaran piezas. Como mencionara Amadeo Barletta en su alegato del 22 de marzo de 1960 ante el Tribunal de Cuentas en Cuba: «Lejos de gozar mis negocios de la protección del régimen de Batista, lo que encontré siempre fueron dificultades y aun franca hostilidad».[17]

Los terrenos adquiridos por Barletta en las afueras de la ciudad de La Habana (Boyeros) los compró entre agosto y septiembre de 1951, antes del golpe de Estado de Batista del 10 de marzo de 1952 por lo que el desarrollo urbano posterior a su adquisición no podía constituir evidencia de contubernio con el régimen del *batistato*. Igualmente falsas eran las acusaciones de que Barletta había evadido impuestos en 1957 como demostraba de forma detallada el alegato que presentó contra la confiscación de sus bienes, además de ser

---

[17] Amadeo Barletta Barletta, *Apelación al Tribunal de Cuentas. Expediente 3-2-8884*, Ministerio de Recuperación de Bienes Malversados, Dr. Lázaro Ginebra. Colegio de Abogados de La Habana, 22 de marzo 1960.

irónico que la misma revolución que había llamado a los empresarios a no pagar impuestos hasta la caída de la tiranía ahora pretendiera juzgarlo por ese hecho.

Tampoco colaboró Barletta con las persecuciones de los cuerpos de represión política de Batista. Por el contrario, hay testimonios de que proveyó empleo a personas incluso vinculadas al partido comunista, como el humorista Marcos Behmaras (cuyo contrato le supuso pagar de manera consciente una cantidad adicional de la cual se apropiaba el Partido Socialista Popular). Sus únicas transacciones con el Estado cubano consistieron en venderle productos de sus empresas (vehículos General Motors, principalmente) en términos competitivos. Pese a que el Tribunal Supremo dictaminó en su favor desde 1956 para que se le devolviese un edificio de su propiedad confiscado por Batista en 1942, ese dictador abandonó Cuba en enero de 1959 sin cumplir el fallo judicial.

El periódico *El Mundo*, propiedad de Amadeo Barletta, mantuvo siempre una línea editorial crítica al gobierno y favorable a una salida no violenta de la crisis nacional. En él laboraron personalidades como Raúl Roa, Carlos Lechuga, Manuel Bisbé y otros destacados revolucionarios.

Las acusaciones del periódico *Revolución* durante los días previos a la expropiación de sus propiedades sobre la base de supuestas relaciones de Barletta con Trujillo, sirvieron el mismo objetivo de contribuir a generar una opinión pública negativa en el momento en que se le confiscaran las propiedades. Pero la acusación fue igualmente ridícula. Amadeo Barletta nunca fue socio de Trujillo (o sus familiares), mucho menos su «Cónsul», sino su víctima y adversario. Incluso cuando la empresa tabacalera de Barletta competía con la que era propiedad de Trujillo se intimidaba a los consumidores dominicanos insinuando que fumar los cigarrillos manufacturados por la empresa del inmigrante italiano equivalía dar una señal de oposición al régimen trujillista cosa que nadie que quisiera preservar su seguridad querría hacer en aquellos años.

Su conflicto con Trujillo no cesó nunca desde que en 1930 alertara al presidente Horacio Vásquez del golpe de estado que tramaba el futuro dictador vitalicio. Hay fichas sobre Amadeo Barletta en el Archivo privado de Trujillo que demuestran que el dictador le seguía los pasos donde quiera que estaba (Argentina, Cuba, Estados Unidos). Barletta mantuvo relaciones y ayudó financieramente a destacados exiliados dominicanos, como fue el caso del Dr. Juan Bosch durante el tiempo en que éste vivió en Cuba, por lo que una vez electo presidente, el agradecido dominicano le ofreció al hijo de Barletta la codiciada plaza de embajador en Washington, aunque éste la declinó.

Segundo ataque a Barletta

El segundo ataque a Amadeo Barletta tomó la forma de un exabrupto periodístico y ocurrió en 1971. Esta vez mediante un largo artículo en la página ideológica del periódico *Granma*. Fue en realidad una represalia, por la eficacia de las denuncias de su hijo, Amadeo Barletta Jr., ante la asamblea anual de la Sociedad Interamericana de Prensa (SIP) sobre la situación del periodismo en Cuba. El artículo llevó la firma del periodista Pedro Luis Padrón bajo el título de «Amadeo Barletta, representante en Cuba de los negocios de la pandilla yanqui *Cosa Nostra*». [18]

Es obvio que de haberse encontrado en 1960 la menor evidencia de una conexión de Barletta con el crimen organizado cuando las autoridades cubanas inspeccionaron minuciosamente sus oficinas y libros contables —la intervención se llevó a cabo de manera más «informal» durante un fin de semana, en enero de 1960, y luego con carácter oficial y definitivo en febrero de ese año—, ello habría ocupado el centro de atención, tanto de la campaña periodística en su contra, como de las acusaciones presentadas contra él por el Ministerio de Recuperación de Bienes Malversados.

Sin embargo, no fue hasta 1971 que el órgano oficial del Partido Comunista de Cuba asume la responsabilidad de acusarlo de «mafioso» al rechazar

---

[18]   Pedro Luis Padrón. "Amadeo Barletta, representante en Cuba de los negocios de la pandilla yanqui 'Cosa Nostra'", *Granma*, 31 de marzo de 1971.

las denuncias formuladas ante la SIP por su hijo sobre la ausencia de libertad de prensa en Cuba. El uso peyorativo del término en dicho artículo coincide con el éxito internacional de la novela de Mario Puzo, *El Padrino,* por lo que bien podría suponerse que el periodista consideró un recurso de propaganda eficaz utilizarlo para denigrar en esta ocasión la integridad de los Barletta.

Tercer intento de asesinato de la reputación de Barletta

El tercer asalto a la imagen de Barletta se inicia en el contexto del IV Congreso del Partido Comunista en 1991. Aquel era el primer evento político de envergadura después del escándalo por narcotráfico del verano de 1989 que involucró a las instituciones militares cubanas. En esta ocasión los ataques a Barletta son en realidad el componente colateral de un objetivo oficial de mayor magnitud: hacer aparecer la República de Cuba previa a 1959 como un Estado controlado por la mafia internacional.

Esa tercera ola de ataques es iniciada desde entonces con los escritos de Enrique Cirules y es la primera que pretende vestir un ropaje académico. Esta sostenida campaña —ahora apoyándose en Internet— ha multiplicado el mensaje por medio de actores instrumentados y otros inocentes y ha incluido las peores falsedades sobre Amadeo Barletta.

El autor ha comprobado que los documentos citados por autores como Enrique Cirules como evidencias acusatorias contra Amadeo Barletta, no lo mencionan, ni prueban el supuesto vínculo de Barletta con la mafia. Cirules emplea la técnica de citar a favor de sus argumentos ciertas fuentes documentales, las cuales a su vez son referidas a otras fuentes, con lo cual el lector común se desanima a darles seguimiento. De rastrearse la fuente original, cualquier lector se percataría de que la documentación a la que se le atribuyen las evidencias contra Barletta no provee ninguna. Cuando se localiza el documento primario en el que basa su aseveración, o bien no tiene referencia alguna a Barletta, o no sostiene la afirmación que el autor intenta demostrar. El insigne historiador cubano, ya fallecido, Manuel R. Moreno Fraginals, siempre insistía en la necesidad de ir a las fuentes originales cuando se hacía una investigación. Su consejo no fue aplicado en este caso por aquellos que irreflexivamente se hicieron eco de los argumentos de Cirules, luego reproducidos por T. J. English.

Ese es el caso, por ejemplo, de las referencias en el libro *El Imperio de La Habana* a la supuesta administración de Barletta de los bienes de la familia Mussolini. En *El Imperio de La Habana*, su autor, Enrique Cirules, nos remite en ese tema a sus artículos en la revista *Bohemia* de octubre de 1991; donde, a su vez, nos remite al libro *La Coletilla* del fallecido ex embajador de Fidel Castro en Francia, Gregorio Ortega (1989), quien al mencionar esa afirmación no dice cuál es su fuente, pero mezcla el tema con una referencia al número de la

Gaceta Oficial de Cuba donde se anuncia la confiscación de los bienes de Barletta. Y cuando, finalmente, se revisa el texto de la *Gaceta* allí no aparece el nombre de Mussolini o referencias a su familia en ninguna parte.[19]

Por su parte, el escritor *free lance* estadounidense T.J. English —actualmente acusado de plagio por Enrique Cirules— cita en sus aseveraciones sobre Barletta un documento del Organized Crime Bureau de Miami Dade, Departamento del Tesoro, de septiembre de 1961. Resulta muy difícil localizar en la actualidad ese texto porque esos archivos se dispersaron. Pero el autor de esta investigación pudo obtener una copia —cortesía del biógrafo de Santo Trafficante Jr., el señor Scott M. Deitche—, y resultó ser el expediente elaborado por esa institución sobre Trafficante Jr. y allí no aparece en ninguna parte una mención a Amadeo Barletta.

Los legajos acerca del Banco Atlántico depositados en el Archivo Nacional de Cuba —de muy difícil acceso a cubanos y a extranjeros— que son insistentemente citados por Cirules en su libro, como evidencia del vínculo mafioso de esa entidad bancaria propiedad de Barletta,[20] tampoco van más allá de exponer las fallas o

---

[19] Resolución No. 3027. Ministerio de Recuperación de Bienes Malversados. *Gaceta Oficial*, 17 de marzo 1960. La Habana. pp. 6595 - 6600

[20] Enrique Cirules. *El imperio de La Habana*. Capítulo VII. "El lavado de dinero", Ciudad de La Habana, Cuba: Casa de las Américas, 1993, pp. 175-187.

vulnerabilidades administrativas señaladas por los inspectores en las rutinarias auditorias anuales que efectuaba el Banco Nacional en todas las entidades financieras, y que posteriores inspecciones al Banco Atlántico declararon superadas. Un examen de todas esas actas según copias fotostáticas en propiedad del autor demuestra que las fallas indicadas fueron atendidas, y la última evaluación a esa entidad financiera fue declarada como satisfactoria.

Esas inspecciones de rutina nunca propusieron sanciones al Banco Atlántico de Barletta, aunque otras entidades financieras fueron incluso intervenidas exigiéndose la renuncia de los directivos como ocurrió a varios bancos cubanos en la década de los cincuenta. El Banco Hispano Cubano, una institución con cerca de ocho millones de dólares en depósitos y directamente vinculada a la esposa del presidente Batista, Marta Fernández, y a José López Vilaboy, un testaferro del dictador, quienes poseían entre ambos el 80% de las acciones, fue intervenido el 10 de septiembre de 1957 por graves irregularidades y conminados a venderlo en julio de 1958. Este hecho —ocurrido en el año más represivo de la dictadura de Batista— pone en entredicho la apreciación de Cirules de que las irregularidades que pudieran encontrar los inspectores del Banco Nacional en una entidad financiera eran resueltas con «palmaditas en la espalda» entre los gobernantes y la clase empresarial. La pretensión de que se ejerció algún favoritismo oficial hacia el Banco Atlántico carece de evidencias y de solidez.

La documentación oficial del Banco Atlántico tampoco muestra evidencia alguna de que Barletta sostuviera siquiera una relación de negocios o personal con el sector económico (turismo/juego) al que esos elementos mafiosos estuvieron vinculados en Cuba. Ninguno de sus accionistas o prestatarios tenía antecedentes criminales ni estaba vinculado al sector de turismo, hoteles y casinos.

El autor no pudo encontrar una sola evidencia que en modo alguno inculpase a Amadeo Barletta de las pretendidas acusaciones después de realizar más de una decena de entrevistas, visitar numerosos archivos (además de realizar una intensa pesquisa a través de terceras personas en el Archivo Nacional de Cuba) y de revisar decenas de libros y documentos originales.

Particular valor tuvieron en estas indagaciones los testimonios de los principales biógrafos de Santo Trafficante Jr. (Scott M. Deitche) y de Meyer Lansky (Robert Lacey)[21], así como de Gordon Wilson, principal responsable de los archivos históricos del Organized Crime Bureau de Miami Dade County.[22] Todos ellos

---

[21] Ver de Robert Lacey *Little Man: Meyer Lansky and the Gangster Life.* (Little Brown & Company. Canada. 1991) y de Scott M. Deitche *The Silent Don: The Criminal Underworld of Santo Trafficante Jr.* (Barricade Books Inc. Estados Unidos. 2009).

[22] Wilson tiene un sitio en Internet en que expone una parte de esa documentación:

http://cuban-exile.com/doc_051-075/doc0073.html.

dedicaron largos años a sus pesquisas sobre estas personas y me aseguraron que nunca vieron el nombre de Amadeo Barletta en ninguno de los miles de documentos que inspeccionaron, ni lo escucharon en boca de los múltiples testigos que entrevistaron.

Tampoco pudo el autor encontrar nada incriminatorio contra la figura de Barletta en los siguientes lugares: Archivo Nacional de Cuba, Archivos del Palacio Nacional de Santo Domingo, Archivo Particular del Generalísimo (APN-APG), Santo Domingo; Archivos Nacionales de EEUU, Departamento de Estado, Maryland; Archivos de la General Motors, Denver; Archivos del Organized Crime Bureau de Miami Dade County; Archivos Personales de la familia Barletta, Santo Domingo; Cuban Heritage Collection de la Universidad de Miami; Biblioteca de la Universidad Internacional de Florida y la Colección de la Fundación Mary Ferrell.

Nada apareció que inculpase a Amadeo Barletta en los expedientes que sobre él le fueron entregados al autor por la CIA, el FBI y el servicio de inteligencia militar de EEUU bajo la Ley sobre la Libertad de Información (*Freedom of Information Act, FOIA*). Tampoco fue mencionado en las audiencias de la Comisión Kefauver a las que se refería el periódico *Granma* en 1971, ni sus expediente en el National Archive, en Maryland (incluyendo una referencia biográfica elaborada por la embajada de EEUU en La Habana en febrero de 1957 a propósito de una solicitud de visa) contienen referencia alguna de una conexión mafiosa.[23]

En una explicación contextualizada, tanto Robert Lacey como Scott M. Deitche, especialistas en temas de la mafia y en particular en las biografías de Lansky y Santo Trafficante, se refirieron al por qué descartaban la tesis acerca de la existencia de «familias» mafiosas organizadas en Cuba —que no equivale a decir presencia de mafiosos involucrados en negocios—, y a la pretensión de que se usaban bancos para «lavar dinero», cuyo origen de hecho era lícito al provenir del juego.

Es de especial interés la contribución de Robert Lacey, único biógrafo de Lansky que pudo acceder en Israel al expediente completo del gobierno de los Estados Unidos sobre ese personaje. Lacey había solicitado a través del FOIA el acceso los expedientes de las distintas agencias norteamericanas sobre Meyer Lansky y después de esperar por cierto tiempo le

---

[23] Es relevante que en ese documento sobre Amadeo Barletta de febrero de 1957 elaborado en la Embajada de Estados Unidos en Cuba por el Consejero Vinton Chapin, no hay referencia a vínculo alguno del empresario italiano con elementos o actividades criminales como tampoco hay ninguna indicación de que esa influyente embajada conociera de vínculos privilegiados de Barletta con el régimen de Batista. Vinton Chapin, *Despacho No. 749. Información biográfica concerniente a Amadeo Barletta*. Embajada Americana en La Habana, 10 de Mayo 1957, *Ref. Memorándum A-171, Exp. 101.21/5-1057*, 1 de febrero de 1957. Archivos Nacionales y Administración de Records (NARA) en Maryland.

entregaron un expediente lleno de tachaduras y por lo tanto inservible.

El incansable biógrafo se trasladó entonces a Tel Aviv y solicitó a las autoridades israelíes que le dieran acceso a lo que tuviesen sobre el tema. Para su sorpresa los israelíes le entregaron adicionalmente el expediente completo estadounidense que Washington les había hecho llegar para sustentar su solicitud de que no le otorgasen la ciudadanía israelí a Lansky cuando aquel la solicitó.

El contenido de estos expedientes fue celosamente recopilado por todas las agencias del gobierno estadounidense ya que era su oportunidad de persuadir a Tel Aviv de que no le concediera la ciudadanía Lansky.

Según Lacey, los expedientes ocupan más de tres pies lineales de espacio y equivalen a dos gavetas de un archivero. Lacey detalla que las carpetas están repletas de telegramas, memos oficiales internos, informes de vigilancia así como de artículos de periódicos que fueron cuidadosamente recortados y agregados a documentos descritos como «hojas informativas» (*fact sheets*). En ninguno se menciona a Amadeo Barletta ni su supuesto liderazgo al frente de una «familia mafiosa» en Cuba.[24] Vale la pena apuntar que Lacey también viajó a Cuba para investigar las actividades de Lansky; revisó en la Isla viejos archivos del Hotel Riviera y otros relevantes a su pesquisa. Tampoco en

---

[24] Lacey. *Op. Cit,* pp. 314-315.

ellos había referencia alguna a Amadeo Barletta y la leyenda que le atribuye Cirules de supuesta asociación con Lansky y otros mafiosos.

A juicio de Lacey, Deitche y el historiador colombiano Sáenz Rovner, las grandes ganancias que provenían del juego no implicaban riesgo alguno ya que se trataba de una actividad legal, razón por la cual nadie que deseara permanecer en ese sector arriesgaría sus grandes tasas de ganancias para realizar operaciones paralelas y riesgosas, como el narcotráfico.

Es pertinente decir que la trayectoria de la formación del capital inicial de Amadeo Barletta y su posterior crecimiento está documentada desde que fundó la Santo Domingo Motors en República Dominicana y en ningún momento muestra una conexión con elementos del crimen organizado o a sectores como el turismo y los casinos vinculados a sus actividades.[25]

De haber existido alguna conexión criminal o de espionaje para el Eje se habría detectado en la antes

---

[25] El autor pudo acceder a los archivos de esa empresa y a los personales de Amadeo Barletta, cortesía de su familia que además le permitió copiar algunos de los documentos más relevantes a esta pesquisa. Fue revisado el Libro de Actas de la Junta de Accionistas desde 1920 hasta 1962, donde se aprecia el crecimiento normal de una empresa que tuvo varios reveses (con el ciclón San Zenón en 1930, y luego durante la Segunda Guerra Mundial). No hay ningún dato relevante o sospechoso, en cuanto a crecimiento súbito del capital, o accionistas ocultos.

citada investigación pormenorizada que el FBI hizo sobre Barletta y sus finanzas entre julio de 1941 y febrero de 1942. La pesquisa se desarrolló en Cuba, pero también en New York y Buenos Aires a donde Barletta viajó a residir después de renunciar a su puesto de Cónsul Honorario de Italia en La Habana. La indagación concluyó cuando el agente especial encargado del caso llegó a la conclusión de que el empresario italiano no estaba involucrado en actividades antiamericanas (*un-American activities*),[26] concepto que en Estados Unidos ha sido lo suficientemente elástico como para incluir desde la actividad de un potencial espía hasta la del crimen organizado.

El autor conserva una extensa colección de fotocopias de toda la documentación relevante encontrada en los archivos, grabaciones de entrevistas realizadas a lo largo de la investigación y los mensajes cruzados con algunos especialistas extranjeros y cubanos en los temas abordados. También se realizó

---

[26] Brown, *Op. Cit.* En otro documento del FBI de fecha 16 de febrero de 1942 elaborado por H.H. Calkies, se refiere en detalle a diferentes cuentas de depósito, valores en bonos y acciones en empresas que Barletta poseía y que se encontraban bloqueados por el embargo, entonces vigente, contra las empresas de ciudadanos italianos. En ninguna parte hay una referencia a un posible origen dudoso de esos bienes o a una actividad sospechosa en torno a las finanzas del empresario. *H. H. Calkies, Amadeo Barletta. File No. 100-15049*, New York, Federal Bureau of Investigation, 18 de febrero de 1942.

una investigación complementaria sobre el origen y trayectoria del Banco Atlántico accediendo a toda la documentación disponible en el Archivo Nacional de Cuba.

¿Qué motivaciones puede haber detrás de la campaña iniciada en 1989?

El análisis de esta campaña contra Amadeo Barletta le impone al investigador la necesidad de valerse de las mismas reglas metodológicas que emplea la historiografía al juzgar las fuentes, para poder determinar el valor de los artículos que promueven la obra de Cirules, y que han sido publicados en diversos sitios de Internet.

¿Quien afirma estas cosas? ¿Cuál es su trayectoria intelectual y/o política? ¿Qué motivaciones pueden existir para que alguien o algunos promuevan esa perspectiva en este momento? ¿Se trata de un esfuerzo concertado cuando se repiten los mismos argumentos sin someterlos a análisis, con la finalidad de imponerlos como parte del «sentido común»? ¿Puede esa fuente estar en condiciones de acceder a esa información y saber realmente lo que dice? ¿Qué acceso real a esas informaciones pudo tener la fuente? ¿Muestra un lenguaje retórico y parcializado en sus afirmaciones?

Esas preguntas generales conducen a otras específicas sobre este caso. ¿Por qué se produce este nuevo esfuerzo difamatorio después de casi dos décadas del exabrupto de *Granma* en 1971 en respuesta a las denuncias de Barletta Jr. en la SIP? ¿Se trata de la simple obra de una persona que por ausencia de rigor profesional lanza esas acusaciones? ¿Estamos ante un nuevo capítulo de las campañas organizadas con anterioridad contra esta persona? De tratarse de esto último, ¿qué la motiva y qué objetivos se persiguen en esta ocasión? Adelantaremos el criterio de que, más allá del papel, consciente o no, jugado personalmente por Cirules, la acogida positiva a su obra y el apoyo que instituciones estatales prestaron a su diseminación persiguieron un objetivo estratégico que rebasa la finalidad de denigrar nuevamente la figura de Barletta.

Hay razones para suponer que la intención de difundir los escritos de Cirules sobre este tema era promover su tesis de que el escándalo de narcotráfico destapado en 1989 —que concluyó con el fusilamiento del General Arnaldo Ochoa y otros altos mandos militares— fue un incidente aislado y excepcional en el proceso revolucionario, mientras que toda la prosperidad de la clase empresarial cubana en el capitalismo provino de la alianza entre la mafia, los servicios de inteligencia de EEUU y los políticos cubanos de aquella época.

En términos de propaganda, los artículos y obras de Cirules, a partir de 1989, sirvieron objetivamente a la necesidad del Estado cubano de justificar las revelaciones que estremecieron ese año a la opinión pública cubana e internacional sobre las relaciones del gobierno de Fidel Castro con el narcotráfico.[27]

---

[27] Sin duda el escándalo del narcotráfico ha sido una de las

Es particularmente curioso que entre el 4 y el 25 de octubre de 1991, de manera coincidente con la celebración del IV Congreso del PCC, la revista *Bohemia* publicase de manera destacada una serie de cuatro artículos de Cirules sobre el narcotráfico y la mafia en la época republicana. [28]

Aquel fue el primer congreso que celebraban los comunistas cubanos después del escándalo por narcotráfico a mediados de 1989 y de la extensa purga de oficiales que se llevó a cabo en el Ministerio del Interior (MININT) a raíz de aquellos sucesos. En los artículos publicados en *Bohemia,* Cirules ya hace referencia al libro que tenía «en preparación» (*El*

---

mayores crisis de legitimidad que haya enfrentado el poder de Fidel Castro. Desde los días de la guerra civil contra los elementos social democráticos de la coalición antibatistiana, no se había producido una purga mayor de militantes revolucionarios de alta jerarquía. Además del reducido grupo de oficiales del MININT y las FAR que fueron fusilados o sancionados a prisión, hubo una completa reorganización del Ministerio del Interior en la que fueron removidos de sus cargos y/o o excluidos de esa institución decenas de altos oficiales.

[28] Enrique Cirules, "El imperio de La Habana", *Bohemia,* 4 de octubre 1991; "Operaciones y fraudes", *Bohemia,* 11 de octubre 1991;"Los negocios de Don Amleto", *Bohemia,* 18 de octubre 1991; "Trafficante: la era de la cocaína", *Bohemia,* 25 de octubre 1991.

Imperio de La Habana) sobre el siempre *best seller* tema de la mafia.[29]

Cirules ha tenido una trayectoria profesional cercana a las Fuerzas Armadas Revolucionarias (FAR) de Cuba. Cuando esa institución alentó a las instituciones del Estado a aplicar una política anticultural que luego ha venido a ser conocida como el «quinquenio gris» (1970-1975) Cirules fue designado director de una de las principales revistas del momento —*Revolución y Cultura*— que dirigió precisamente en ese nefasto periodo (1971-1975).[30]

Cuando colaboraba con el periódico de las FAR (*Bastión*) el escritor visitó Colombia en 1988[31] su-puestamente en gira privada y regresó nuevamente en el verano de 1989 coincidiendo con el estallido en Cuba del escándalo por narcotráfico que ya se venía investigando desde el año anterior.

En ese segundo viaje, Cirules permaneció durante tres meses en Colombia, esta vez acompañado por su

---

[29] El tema de la mafia sin duda promueve las ventas de libros. En particular en Estados Unidos existe una fascinación con sus gánsteres, que le garantiza el éxito a cualquier autor que ofrezca nuevas historias sobre ellos. Son parte inseparable del *pop culture* americano, según afirman escritores versados sobre el tema, como Robert Lacey y Scott M. Deitche.

[30] Ricardo L. Hernández, "La vida literaria en la Cuba actual: sus revistas", La Palabra y el Hombre, 1988, pp. 39-46.

[31] Enrique Cirules. *Op.cit*, Introducción, p. 9.

esposa.[32] A su regreso, *Bastión* le publicó una serie de artículos dominicales sobre el narcotráfico, orientados a demostrar de forma implícita que el flagelo del narcotráfico era mundial y el escándalo recién ocurrido en Cuba no constituía parte de un fenómeno estructural endémico del sistema cubano, como sí sucedía en otras latitudes. [33]

En 1991, como se ha mencionado anteriormente, el escritor cubano publicó cuatro artículos semanales sobre el tema en la revista *Bohemia* que fueron el preludio de sus libros posteriores (*El Imperio de La Habana*, en 1993, y *La Vida Secreta de Meyer Lansky en La Habana*, en 2004). En esas obras incorpora la figura del empresario Amadeo Barletta a sus narrativas sobre la presencia de la mafia en Cuba. La agresión a la dignidad de Amadeo Barletta fue en esta ocasión un daño colateral, no el objetivo central de los artículos. *Nothing personal,* diría el personaje central de Mario Puzo en *El Padrino.* El escritor cubano al parecer

---

[32] *Ibid.*

[33] En los Agradecimientos de su libro *El Imperio de La Habana*, Cirules afirma que fue Juan Agüero Gómez, entonces director de *Bastión*, quien en 1989, a su regreso de Colombia, le publicó los artículos mencionados, los cuales el autor cubano suscribió en esa ocasión con su esposa. Fue también Agüero, según narra Cirules en los citados Agradecimientos, quien lo alentó a escribir un libro sobre el tema de la mafia en Cuba en la era pre revolucionaria. *Ibid*, p. 355.

decidió en 1989 que podría disponer libremente del honor del empresario, fallecido en 1975, para construir libremente su fantasiosa trama sobre una República totalmente sometida por la mafia italoamericana de la que el General Fulgencio Batista era una suerte de ilustre empleado. En su narrativa Amadeo Barletta es presentado como el supuesto líder de una de las (inexistentes) cuatro familias mafiosas que a su juicio controlaban los destinos del país.

El autor de este artículo, sin embargo, no pudo encontrar una sola evidencia que en modo alguno inculpase a Amadeo Barletta y corroborase las pretendidas acusaciones en su contra después de realizar más de una decena de entrevistas, visitar numerosos archivos (además de desarrollar una intensa pesquisa de la documentación depositada en el propio Archivo Nacional de Cuba), revisar decenas de libros y analizar cientos de documentos originales en archivos oficiales y privados de Estados Unidos y República Dominicana.

En resumen: sometidas a escrutinio, las espectaculares afirmaciones de Enrique Cirules y de T. J. English sobre Amadeo Barletta demostraron carecer de toda base real.

IV. Debilidades metodológicas de Enrique Cirules

En los acápites anteriores se pasó revista a la falta de sustentación de las acusaciones lanzadas contra

Amadeo Barletta en diferentes momentos. A continuación centraremos la atención en demostrar un conjunto de debilidades metodológicas que acompañan los trabajos de Enrique Cirules sobre el tema.

Examinemos las dos obras de Cirules referidas a las actividades de la mafia en Cuba, *El imperio de La Habana* y *La vida secreta de Meyer Lansky en La Habana: la Mafia en Cuba*. Ellas presentan un conjunto de dificultades entre las que se destacan las siguientes:

a) *Deficiente manejo de las fuentes primarias como ocurre, particularmente, con su testigo estrella, el fallecido Jaime Casielles y el proponer interpretaciones arbitrariamente unívocas de hechos ambiguos.*

En ningún momento Cirules tiene la deferencia de hacer un análisis de «crítica interna» sobre los testimonios ofrecidos —según él— por Jaime Casielles. El lector tiene derecho a esperar de Cirules que se formule preguntas respecto a su entrevistado, tales como: ¿Cuánto tiempo ha trascurrido desde el momento en que ocurrieron los hechos y qué capacidad de distorsión involuntaria pudiera tener Casielles al relatarlos? ¿Estaba Casielles realmente en posición de saber o de ser testigo directo de todos y cada uno de los hechos que narra siendo un simple valet según su propia descripción? ¿Se sintió presionado / obligado / estimulado a dar cierta versión tendenciosa de los hechos y los personajes a Cirules porque sabía que eso es lo que se esperaba de él?

Cirules no somete a sus testigos a las preguntas clásicas del investigador: ¿Quién? ¿Qué? ¿Dónde? ¿Cuándo? ¿Por qué?

El historiador debe preguntarse acerca de su fuente un conjunto de preguntas: ¿Quién recogió la información? ¿Tuvo acceso de primera mano a los hechos? ¿Qué dijo de las cuestiones bajo investigación? ¿A qué distancia de los hechos se encontraba? ¿Qué dice el testimoniante acerca de los hechos y actores que se investigan? ¿Cuándo se registraron los testimonios sobre esos hechos? ¿Inmediatamente después o años más tarde? ¿Por qué la fuente está dispuesta a ofrecer su testimonio? ¿Tiene motivaciones que lo conduzcan a ser tendencioso en sus apreciaciones?

El modo en que fue procesado por Cirules el testimonio de Jaime Casielles —quien trabajó por varios meses en 1958 de valet de Meyer Lansky en Cuba—, es de especial interés a la hora de valorar sus tesis y, en particular, sus afirmaciones sobre Amadeo Barletta.

Basta con apuntar desde el inicio que resulta poco creíble que una persona tan extraordinariamente reservada como Meyer Lansky, le ofreciera acceso a información sensible de sus negocios a alguien a quien, como Jaime Casielles, había conocido un mes antes por medio de un tercero y apenas fungía como simple valet para su estancia en Cuba.

En el caso de las menciones que Casielles hace de Barletta no hay una sola que permita deducir una conexión de Amadeo Barletta con Lansky o con su entorno. No hay un solo testimonio de Casielles en los libros de Cirules donde el ex valet de Lansky diga que vio a Barletta abrazar al *gangster,* o que condujo a su empleador a reuniones con el empresario italiano, o que hubiese escuchado una conversación sobre sus negocios conjuntos. De hecho pueden interpretarse de manera inversa las únicas dos anécdotas que Casielles dijo recordar en relación con Barletta y que son citadas por Cirules.

Una de ellas fue el gesto de desaprobación de Lansky que Casielles «creyó» captar, cuando se le dijo que habían alquilado un apartamento en el edificio de la Ambar Motors, propiedad de Barletta, para poner una escuela de croupiers como parte del proceso inversionista en una actividad tan legal como lo era el juego en aquel momento.[34] La escuela, en efecto, estuvo en ese lugar —además de otra ubicada en el Edificio Odontológico durante pocos meses y funcionó sin incidentes. La aprobación de los inquilinos y el cobro de los locales alquilados no corrían a cargo de Amadeo Barletta, sino del sub administrador del edificio, Luis Allen.[35] En el edificio de Ambar Motors radicaban oficinas de la embajada de Canadá y de varias firmas de abogados de alta reputación. La

---

[34] Cirules. *Op. Cit,* p. 80.

[35] Luis Allen, entrevista del autor, Coral Gables, Florida, 13 de diciembre de 2009.

seguridad del lugar no hubiera aconsejado alquilarles locales a elementos del hampa dedicados a ejercer allí actividades de naturaleza ilegal.[36]

La otra anécdota que Casielles le refiriera a Cirules tuvo lugar durante la inauguración del Hotel Habana Riviera, cuando recuerda haber visto llegar al magnate azucarero Julio Lobo junto a Amadeo Barletta, y Lobo se separó de Barletta para saludar brevemente a Lansky en el lobby. [37] El breve saludo entre Lobo y Meyer no tiene tampoco ningún significado obligadamente siniestro, pero el hecho es que lo único concreto que testifica Casielles es que Amadeo Barletta nunca llegó a acercarse ni a saludar a Lansky.

El modo en que Cirules trata de interpretar y magnificar su versión de lo ocurrido en ambos casos es poco profesional para un historiador. Su enfoque se acerca más a las teorías conspirativas, [38]

---

[36]   *Ibid.*

[37]   Enrique Cirules. *La vida secreta de Meyer Lansky en La Habana: la Mafia en Cuba*, La Habana, Editorial de Ciencias Sociales, 2004, p. 140.

[38]   Michael Barkun, profesor de ciencias políticas de la Universidad de Siracusa, especializado en movimientos milenarios, la derecha radical y el terrorismo, considera que la esencia de las teorías conspirativas se fundamenta en la creencia de que las fuerzas del mal y elementos externos dominan la historia. Se basan en tres principios: Nada sucede por accidente; Nada es lo

cuya máxima es que «si la realidad no coincide con la teoría, peor para la realidad».

Apegado a su teoría, el escritor cubano asume que si Barletta esquivó a Lansky fue para ocultar una relación con ese gánster, y no porque simplemente no existía vínculo alguno entre ellos. Si por otro lado a Lansky le desagradaba la idea de alquilar un local en la Ambar Motors, según Cirules se debió a que no quería «quemar» a Barletta, y no a que le pudiera desagradar el edificio, o a que considerara que hubiese sido preferible escoger un local contiguo al que ya tenían alquilado en las calles de 23 y L, en El Vedado, o incluso porque siendo judío[39] no le caía muy bien una persona que, como Amadeo, hubiese sido Cónsul de Italia durante parte del gobierno de Mussolini, quien, por cierto, aplastó sin contemplaciones a la mafia de Sicilia.[40]

---

que parece ser; Todo está conectado. Michael Barkun. *A Culture of Conspiracy: Apocalyptic Visions in Contemporary America*, Berkeley y Los Angeles, California, University of California Press, 2006.

[39] Lacey, *Op. Cit*. Para más información acerca de las actividades de Lansky contra los Nazis ver el Capítulo 7 "I will help you. It's Patriotism".

[40] Mussolini siempre fue enemigo de la mafia desde que en su primer viaje a Sicilia el capo de turno quiso hacer alarde de que solo él podría ofrecerle protección durante su visita. *Il Duce* lo tomó como una humillación y a su regreso a Roma declaró una exitosa guerra sin cuartel a los mafiosos, que estos no le perdonaron. Para más información ver: "Foreign News: Mafia

Cirules hace pensar y hablar a los personajes históricos del modo que él ha decidido que sucedieron los hechos. Un ejemplo típico es lo ya referido cuando Casielles dice haber adivinado un gesto de desaprobación en Lansky al informársele del alquiler de un local en el edificio de la Ambar Motors para instalar una escuela de croupiers. El propio Casielles indica que no está del todo seguro, pero que le pareció que desaprobaba la idea, mientras Cirules prefiere dar por sentado que en efecto a Lansky le desagradó el hecho y supone que el motivo fue la necesidad de guardar aparente distancia de Barletta. [41]

b) *Atribuye aseveraciones y datos a fuentes o personas, en demostración de sus aseveraciones, que no se refieren al asunto en las fuentes originales.*

Cirules lanza aseveraciones que calza con citas de documentos cuyo contenido no respaldan lo que afirma. Ese es el caso, como se comentó anteriormente, de la cita que hace del libro *La Coletilla* para afirmar que Barletta era administrador de los bienes de la familia de Mussolini[42]. En realidad el autor de ese libro, Gregorio Ortega, refiere a su vez a sus lectores a la Resolución 3027, del 8 de marzo,

---

Trial", *Time,* 24 de octubre de 1927; e "ITALY: Mafia Scotched", *Time,* 23 de enero de 1928.

[41]   *Ibid.*

[42]   Es, por cierto, un hecho conocido que la familia vivía con escasos recursos financieros después de la muerte del *Duce.*

del Ministerio de Recuperación de Bienes Malversados, donde cualquiera que la revise puede verificar que no hay ninguna referencia a vínculo alguno de Barletta con la mafia o la familia de Mussolini. [43]

c) *Mezcla opiniones personales con citas de testimonios en su narración.*

Enrique Cirules emplea el testimonio de Jaime Casielles para calzar sus teorías sobre las actividades de la mafia en Cuba, pero, aunque es su principal «testigo de cargo», no se molesta en entrecomillar sus frases, para separarlas con nitidez de las aseveraciones que el escritor agrega, lo cual genera imprecisiones que alimentan la confusión de sus lectores.

d) *Ausencia de enfoque hermenéutico que contextualice las acciones y actitudes de los protagonistas para su correcta interpretación.*

Conceptos como «lavado de dinero», «familias mafiosas», «piramidación» y otros empleados por Cirules, al ser utilizados en un contexto ajeno al que surgieron, introducen confusiones y distorsionan los hechos que tuvieron lugar en la realidad de los años 50 del pasado siglo.

Hay que decir que la pretensión de que los casinos de Lansky necesitaban «lavar» sus ganancias es

---

[43] Gregorio Ortega, *La Coletilla*, La Habana: Editorial Política, 1989, pp. 168-169.

absurda. Aquí nuevamente se usa un término («lavado de dinero») que no tiene conexión alguna con la realidad cubana de los años 50 en lo referido a las actividades vinculadas al juego de Meyer Lansky, Santo Trafficante Jr., o Amleto Battisti.[44]

Lavar dinero —como explicaron a este autor tres grandes especialistas en la mafia, Lacey, Deitche y Sáenz— significa borrar el origen ilegal del capital. Al ser el juego una actividad legal y pública en la Cuba pre revolucionaria no había necesidad alguna de «lavar» su origen.

Tampoco necesitaban del Banco Atlántico de Barletta para transferirlo, ya que Amleto Battisti

---

[44] El Consulado de Estados Unidos en La Habana realizó una investigación sobre este sujeto entre diciembre de 1941 y abril de 1942 y con la información recopilada elaboró un informe con siete folios de todos los antecedentes y actividades de Amleto Battisti y Lora desde su nacimiento en Salto, Uruguay, el 9 de septiembre de 1893. Amleto Battisti controlaba el juego de bolita, el Oriental Park donde se desarrollaban las carreras de caballos, el Casino Nacional, el Hotel Sevilla, tenía un periódico y acciones en otro en su variado portafolio de inversiones. El informe va dirigido al Secretario de Estado en Washington, está fechado el 15 de abril de 1942 y firmado por el Cónsul General Harold S. Tewell. No hay en él mención alguna a Amadeo Barletta. (Tewell Harold S. Tewell, *Information Concerning Mr. Amleto Battisti, Habana, Cuba. File 865.20210 Battisti, Amleto/3.* American Consulate General, 15 de abril 1942).

tenía su propio banco[45] para apoyar las actividades relacionadas con el juego (no para "lavarlo" lo cual era innecesario). Además, si deseaban evadir impuestos en EEUU declarando ingresos inferiores a los reales al IRS, el mejor sistema era el que se usaba entonces: maletas cargadas de dinero en efectivo que eran trasportadas personalmente a Miami, Suiza u otros lugares para ser depositadas no en cuentas bancarias sino en cajas de seguridad, en una época en que las aduanas no imponían un límite al monto del efectivo que podían portar los pasajeros. En diversas audiencias del Congreso de EEUU, gánsteres de esa nación testificaron que ése era el método usado con las ganancias que obtenían de los casinos en Cuba.[46]

Por otro lado, como afirma el historiador colombiano Sáenz Rovner[47] el tráfico de narcóticos a través de Cuba (donde el consumo era mínimo) era una actividad reservada a grupos reducidos de

---

[45] "Banco de Crédito e Inversiones" en *Los propietarios de Cuba 1958,* Guillermo Jiménez, Referencias a Battisti Lora, Amleto, p. 75.

[46] Michael Woodiwiss. "Transnational Organized Crime: The Strange Career of an American Concept", en *Critical Reflections on Transnational Organized Crime, Money Laundering, and Corruption.* ed. Margaret E. Beare, Toronto: University of Toronto Press, 2003.

[47] Eduardo Sáenz Rovner. *The Cuban Connection*, Chapel Hill, The University of North Carolina Press, 2008 [Traducido por Russ Davidson].

criminales de origen principalmente europeo —no a la mafia italoamericana—, ya que las ganancias eran menores que las reportadas por el juego que era una actividad legal, razón por la cual quien podía dedicarse a los casinos no se mezclaba en negocios ilegales que pusieran en peligro la «gallina de los huevos de oro». Según explica Sáenz Rovner:

> *Como lo demuestran los documentos de las archivos cubanos y norteamericanos, la mafia concentró sus negocios en Cuba principalmente en los casinos y la industria turística, no como el escritor cubano Enrique Cirules ha afirmado, en el tráfico de drogas.*[48]

Como se ha explicado, el Banco Atlántico fue inspeccionado en tres ocasiones —una vez al año, que era lo establecido por la ley para cualquier entidad bancaria— y nunca fue sancionado o intervenido por manejos turbios. Quien, como Enrique Cirules, desconfíe de la calidad u honestidad de esas inspecciones debiera proveer alguna explicación al hecho de que el Trust Company of Cuba —reconocido como una de las entidades bancarias más eficaces y poderosas de todo el mundo en aquel momento— adquiriese el Banco Atlántico, después de someterlo —como corresponde antes de una adquisición— a detallado escrutinio.

---

[48] *Ibid.* p. 7 - 8.

Una observación de un inspector bancario, sobre la necesidad de «vigilar de cerca»[49] al Banco Atlántico es distorsionada por Cirules quien le otorga una sombría connotación policiaca, siendo el propio inspector quien explica la razón de su observación: «en lo que a su política de crédito se refiere, pues es bien conocido que sus Directores, con ligeras excepciones, son personas dadas a los negocios audaces».[50] La Ley 13 de 1948[51] ralentizaba los procesos inversionistas porque prefería asegurar que en todo momento los bancos contasen con suficiente liquidez, por si se enfrentaba una crisis repentina como la sucedida en 1929. El inspector temía que la audacia inversionista de Barletta —quien tenía una educación básica y era banquero con plenos poderes de decisión sin ser economista graduado— lo indujera a arriesgar más capital que el permitido por ley en un momento dado.

---

[49] Sergio Valdés Rodríguez, *Memorándum al Comité de Inspección Bancaria: Dr. J. Martínez Sáenz, Sr. Bernardo Figueredo, Sr. Oswaldo Saura. Re: Banco Atlántico S.A. Inspección de diciembre 9, 1952.* 11 de marzo 1953. Fondo del Banco Nacional de Cuba. Archivo Nacional de Cuba.

[50] *Ibid.*

[51] Joaquín Martínez Sáenz, *Por la independencia económica de Cuba. Mi gestion en el Banco Nacional,* La Habana, Editorial Cenit S.A., 1959.

La palabra «piramidación»[52], usada en la nota de un inspector sobre las empresas asociadas al Banco Atlántico, no tiene la connotación actual. En el presente se emplea para describir los esquemas empleados por un timador como Bernard Madoff. Dicha nota es, en realidad, la única donde aparece ese término, entre varios centenares de hojas con los informes de las auditorías realizadas a esa entidad. En realidad, el auditor se refiere a que en el Banco Atlántico se ingresaban fondos de las empresas filiales y luego, sin alterar los principios bancarios, se reinvertían la mayor parte de dichos capitales para ampliar sus negocios, algo ensayado por la General Motors en sus empresas, pero novedoso en Cuba.[53]

Lo cierto es que esos mismos inspectores indicaron en la tercera y última auditoría[54] realizada a esa

---

[52] Miguel Termes. *Memorándum al Comité de Inspección Bancaria. Dr. Felipe Pazos, Dr. J.A. Guerra, Sr. O. Saura. RE: Compañías afiliadas y tenedoras afiliadas del Banco Atlántico S.A. Fondo del Banco Nacional de Cuba*, La Habana, Archivo Nacional de Cuba.

[53] Alfred P. Sloan Jr. *My years with General Motors*, New York: Doubleday, 1963; Allyn Freeman. *The leadership genius of Alfred P. Sloan*, New York, McGraw-Hill, 2005.

[54] Jorge M. Portal, *Memorándum al Comité de Inspección Bancaria: Sres. J. Martínez Sáenz, Bernardo Figueredo y S. Valdés Rodríguez. Resumen del Informe de Inspección al Banco Atlántico, S.A, 8 de diciembre de 1953.* 9 de febrero de 1954. Fondo del Banco Nacional de Cuba. Archivo Nacional de Cuba.

entidad bancaria su conformidad con el modo en que se venían superando las debilidades administrativas que antes se le habían señalado.[55] Esa última auditoría extendió una calificación de «sana» en política de créditos, «normal» en solvencia, «amplio» el capital de reserva y previsión, y no evaluó ninguna de las categorías analizadas con las calificaciones negativas del formulario: «peligroso, sub-normal, inaceptable o insuficiente».

V. Cirules *versus* La República de Cuba

Podría recurrirse a la fácil acción de descartar profesionalmente a este autor quien, por propia confesión, no es un historiador. Pero aunque no sea historiador, debe tomársele en serio y exigírsele el rigor que debe tener cualquiera que incursione en este campo, por respeto a sus lectores.

Comenzaré entonces por coincidir plenamente con el distinguido historiador y experto colombiano

---

[55] Cirules, apegado a su perspectiva de una república totalmente corrupta y sin división de poderes, supone que cualquier falta que los inspectores del Banco Nacional encontrasen a una institución financiera propiedad de Barletta se resolvía con unas «palmaditas en la espalda». La realidad era muy diferente. Tanto el Banco Nacional como su presidente el doctor Martínez Sáenz, eran muy profesionales y exigentes con su labor como han atestiguado historiadores cubanos especializados en ese tema.

Eduardo Sáenz Rovner cuando afirmó en su libro *The Cuban Connection* (2008):

> *... (los) trabajos recientes publicados en Cuba sobre el narcotráfico, como los estudios de Enrique Cirules y Francisco Arias Fernández, presentan la isla antes de 1959 como un santuario de la corrupción oficial alimentada por el narcotráfico, al tiempo que aseguran que Batista apoyaba personalmente a los narcotraficantes. No obstante, no hay evidencia empírica que permita sostener la noción de que Batista ofreció semejante apoyo en los años cincuenta (....) los escritos de Cirules están llenos de afirmaciones y argumentos referidos al narcotráfico y los narcóticos que carecen de cualquier evidencia empírica y se derivan en última instancia de juicios políticos subjetivos.* [56]

La razón que motiva la superficialidad metodológica de esos y otros estudios históricos no está relacionada siempre con el bajo nivel profesional de sus productores. Son las exigencias político-ideológicas que norman la labor propagandística de la historiografía cubana las que favorecen esa literatura. Como ha observado el historiador Louis Pérez al referirse a este tipo de trabajos, «la política pública y las construcciones históricas se funden en la medida en que La Habana procura deliberadamente desacreditar el

---

[56]   Sáenz Rovner. *Op. Ct*, pp. 10 - 12. [Traducción del autor].

pasado prerrevolucionario».[57] El autor de esta investigación coincide también con ese criterio de Pérez.

En este artículo no se pretende refutar la tesis general de Cirules contra el periodo republicano de 1933-1958. No porque no sea cuestionable, sino porque abordar esa amplia temática excede el propósito de este trabajo. Ese tema merece un tratamiento diferenciado. Basta decir que la pretensión de que ha aportado un nuevo paradigma interpretativo con sus «hallazgos»,[58] que obliga a una revisión completa de todo lo escrito anteriormente, es realmente tan pretenciosa como desacertada. La idea de que la inequitativa pero extraordinariamente próspera economía cubana de la década de los años 40 y 50 del pasado siglo la sustentaban los casinos habaneros —que hoy cabrían todos en un estrecho callejón de Las Vegas, Atlantic

---

[57] Louis A. Perez. *Essays on Cuban History: Historiography and Research*, Gainesville, Florida, University Press of Florida, 1995, p. 147.

[58] Luis Hernández Serrano, "Enrique Cirules: Mis libros no se pueden plagiar impunemente", *Juventud Rebelde*, La Habana. 13 de marzo 2010.
http://www.juventudrebelde.cu/cuba/2010-03-13/enrique-cirules-mis-libros-no-se-pueden-plagiar-impunemente/
[Visitado: 15 de marzo 2010]
Luis Hernández Serrano, "Entre la mafia y el plagio". *Juventud Rebelde*, La Habana 10 de febrero 2010.
http://www.juventudrebelde.cu/cuba/2010-02-11/entre-la-mafia-y-el-plagio/ [Visitado: 15 de marzo 2010]

City o incluso Santo Domingo— es digna de un análisis que rebasa este escrito.

El tráfico y consumo de narcóticos en Cuba fue muy limitado y estuvo controlado principalmente por europeos. El juego, lícito y lucrativo, en el que estuvieron parcialmente involucrados, además de cubanos, algunos mafiosos estadounidenses, tuvo un peso insignificante en la economía cubana de 1958.

Según informa el clásico libro del eminente geógrafo e historiador Leví Marrero, *Geografía de Cuba*, en 1953 la producción industrial no azucarera ya excedía a esta última. En 1958, por otro lado, 121 de los 161 centrales azucareros existentes eran propiedad de cubanos. En ese año la inversión total de capital de EEUU en Cuba fue de 861 millones, apenas un 14% de los 6,000 millones del total invertido. También en 1958 los bancos cubanos llegaron ya a controlar el 60% de todos los depósitos.[59]

La segunda cuestión que salta a la vista es que, a diferencia de los ataques contra Barletta de 1960 y 1971, esta vez las acusaciones no están dirigidas exclusivamente contra ese empresario, sino contra toda la sociedad prerrevolucionaria, entre 1933 y 1958. El año escogido por Cirules, 1933, como hiato para indicar el

---

[59] Grupo Cubano de Investigaciones Económicas de University of Miami bajo la dirección de José R. Álvarez Díaz, *Un estudio sobre Cuba; colonia, república, experimento socialista: estructura económica, desarrollo institucional, socialismo y regresión*, Miami: University of Miami Press, 1963.

ascenso de un «Estado de corte delictivo», coincide con el momento en que irrumpe la figura del sargento Fulgencio Batista y Zaldívar en la historia de Cuba.

La tesis central que Enrique Cirules se propone demostrar en sus dos libros sobre el tema de las actividades de la mafia en Cuba, según sus propias palabras, es la siguiente:

> *La existencia en Cuba, antes de la Revolución, de una trilogía del poder real: grupos financieros-mafia-servicios especiales estadounidenses, que, voraces, establecieron en nuestra patria un Estado de corte delictivo, plegado a los intereses del clan Habana-Las Vegas.* [60]

Según Cirules, sus «descubrimientos» en este campo han dado pie a «… una nueva comprensión de esa época, muy sensible a las relaciones entre Cuba y los Estados Unidos; y por extensión, a sus consecuencias hasta hoy. Y el viraje que significó la publicación de *El imperio de La Habana* en 1993, en los análisis históricos de los 25 años que antecedieron al triunfo de la Revolución Cubana».[61]

En otras palabras, el autor se propuso demostrar con sus dos libros que el Estado cubano que existió en Cuba en los 25 años previos a 1959 —*ie*, desde 1933— estaba controlado por la mafia siciliano-americana en alianza con los servicios de inteligencia de EEUU y los

---

[60] Hernández Serrano *Op. Cit.*

[61] *Ibid.*

políticos locales. Sería desacertado al entender de este autor y a la luz de lo ya expuesto, que los académicos se hicieran eco de sus tesis sin someterlas a crítica y reinterpretaran la historia de Cuba, desde 1933, a la luz de sus pretendidos hallazgos.

Visto desde la perspectiva de Cirules, —que es la oficial del Estado cubano— el escándalo por narcotráfico en 1989 fue *peccata minuta*. Un accidente menor en la trayectoria supuestamente inmaculada de la revolución que, según Cirules, supo «resolver» el problema rápidamente. Ese era el mensaje de sus libros. Ese fue, aparentemente, el mensaje que deseaban difundir quienes lo alentaron desde las estructuras del Estado cubano para que los escribiese y apoyaron la diseminación de su obra. El modo en que se comportaron los mecanismos de multiplicación de su mensaje para constituir una bola de nieve con rasgos de marketing viral, es el típico usado por las campañas de propaganda oficial hacia el exterior.

VI. Fusilamientos de la reputación *on-line*

Hay cuestiones singulares que resaltan en las acusaciones contra Barletta posteriores al escándalo por narcotráfico que involucró al estado cubano en 1989.

Una de ellas es que se diseminan empleando múltiples canales mediáticos, en especial periódicos e Internet, que se nutren de materiales con pretensiones académicas, como los libros de Cirules.

Dado el control que el Estado cubano ejerce sobre las publicaciones y casas editoriales, premios literarios y acceso a la prensa así como las circunstancias restrictivas en que discurre la producción intelectual en la isla, siempre llama la atención cuando todas esas instituciones favorecen a un autor y coinciden en diseminar su obra. No se dice con ello que todos los que reciben ese beneficio sean sospechosos de servir de manera directa los intereses del Estado. Hay académicos y escritores que han producido obras de excepcional e indiscutible valor por las que han recibido muy merecidas distinciones, pero cuya temática no los obliga a trasgredir las verdades sagradas de la ideología oficial. Las autoridades los denominan «temas nobles», los cuales esquivan toda zona de conflicto interpretativo con el gobierno de la isla. Pero cuando el tema es netamente político, toca asuntos de importancia para el gobierno cubano y recibe una exposición desmesurada por los medios oficiales hay razones para pensar que el hecho no es casual dadas las circunstancias de la producción intelectual en la Isla.

El estudio del comportamiento de la promoción de las obras de Cirules muestra que aquel siguió la clásica fórmula de construir anillos concéntricos multiplicadores del mensaje que emplean en Cuba las campañas de propaganda oficial.

En este caso, el primer anillo se nutre de la obra de Cirules, la cual es amplificada con «premios» nacionales que instituciones del Estado cubano le otorgan a su obra. A ello se suman las menciones favorables de periodistas y críticos literarios de la prensa oficial, así como comentarios laudatorios de funcionarios estatales del sector cultural y desde sitios en Internet controlados por el gobierno.

El segundo anillo lo constituyen los «compañeros de viaje ideológicos» o *fellow travellers* (extranjeros, periodistas, críticos literarios, académicos, políticos, artistas) que son simpatizantes del gobierno cubano en diversos países y se hacen eco —muchas veces por propia iniciativa y otras respondiendo a alguna solicitud o sugerencia de La Habana— de los criterios que emite el primer anillo. Ellos, por su condición de extranjeros residentes en países democráticos, le otorgan una mayor credibilidad al mensaje.

El tercer anillo corona este esfuerzo cuando los supuestos de la campaña son asumidos por personas fuera del control e influencia del gobierno cubano, quienes han creído honestamente el mensaje y comienzan espontáneamente a repetirlo y a multiplicar su alcance.[62]

---

[62] Ese parece haber sido el caso del escritor *free lance* T.J. English, quien asume de manera acrítica, en su libro *Havana Nocturne*, las tesis de Cirules pero no parece por ello estar respondiendo de forma «orgánica» a la campaña auspiciada por el gobierno cubano en torno a ellas. En la medida en que era un exponente de ese tercer anillo de incautos nadie protestó en La Habana por su libro. En realidad, su publicación por una instancia ajena a los promotores de esta intencional desacreditación de Amadeo Barletta y de la sociedad republicana en general, era un indicio

Un análisis de la presencia de la obra de Cirules en los medios nacionales e internacionales de comunicación muestra que el gobierno cubano ha logrado constituir y fomentar estos tres anillos exitosamente para promoverla.

VII. Conclusiones

La presente investigación no pudo encontrar asidero a las afirmaciones negativas que se hacen sobre Amadeo Barletta. El autor decidió no formular ninguna hipótesis preliminar que pudiera contaminar el ejercicio de búsqueda, recolección y procesamiento de información que lo desviara en una dirección u otra. Durante el transcurso de la investigación se mantuvo el objetivo de corroborar, en lugar de intentar rechazar *a priori*, las acusaciones vertidas contra Barletta, me-

---

del éxito que venían logrando. Sin embargo, luego decidieron súbitamente desacreditar a English por supuesto plagio a Cirules. Es algo irónico, porque lo que procuran estas campañas de *character assassination* es precisamente la repetición mecánica e irreflexiva del mensaje difamatorio. Cuando English fue confrontado por el autor de esta investigación con la ausencia de evidencias contra Amadeo Barletta o incluso de toda mención de su nombre en algunos de los documentos y testimonios citados por él y por Cirules, respondió con evasivas y hasta el presente no ha facilitado ninguna evidencia o concedido la entrevista que se le solicitó. El autor conserva esos mensajes cruzados con English.

diante la búsqueda de los documentos en los cuales se dice están sustentadas las imputaciones que se le hacen.

La investigación condujo a las siguientes conclusiones:

1) Desde el inicio mismo del proceso revolucionario de 1959, las campañas de difamación concertadas oficialmente jugaron un papel destacado para descalificar a adversarios y legitimar acciones de diverso tipo contra ellos. En el caso de los empresarios, e incluso del mercado como mecanismo generador de riquezas, estas campañas de descrédito continuaron hasta la total expropiación de los bienes, no sólo de los grandes magnates, sino de todos los trabajadores por cuenta propia. Las acusaciones esgrimidas desde un inicio contra los grandes empresarios para expropiarlos fueron, como regla general, parte de una campaña general de asesinato de la reputación contra ese sector, llevada a cabo por todos los medios controlados por el Estado, para comenzar el proceso de desmontaje gradual de todo empresario grande, mediano o pequeño y del mercado que alcanzó la cima en marzo de 1968.

2) Hay que diferenciar entre la pluralidad de enfoques de los historiadores —que en su faena parten de diferentes ideologías y paradigmas interpretativos— de aquellas falsedades deliberadamente generadas y diseminadas por el aparato de propaganda estatal. Entre estas últimas, el asesinato de la reputación de la época republicana, de sus

instituciones y personalidades más descollantes, ha sido una permanente tarea del Estado cubano durante medio siglo. La aseveración de que la historia republicana estuvo bajo el control de la mafia es una construcción ideológica. Si bien es posible reconstruir la historia de la presencia de destacados elementos de la mafia internacional en Cuba, no es posible reducir la historia de Cuba a la historia de la mafia en ella. Tampoco es real que los «males» fueron importados. El juego como un problema social existía desde tiempos de la colonia y el gansterismo en Cuba estuvo asociado al uso de la violencia en la política nacional en primerísimo lugar.

3) No es posible afirmar la existencia de «familias mafiosas» en Cuba. Robert Lacey, biógrafo de Meyer Lansky, me explicó (enero 9, 2010) que encontró muchas evidencias del involucramiento de Lansky y el de otros estadounidenses en la operación de casinos en La Habana durante la década de los cincuenta «pero nada que justifique el uso del término *familias mafiosas* que sugiere violencia, intimidación y asesinato. La razón de que Batista diera la bienvenida a Lansky y otros era que ellos (en Cuba) no utilizaban esas técnicas».

Teniendo presente la observación de Lacey puede decirse que el uso del concepto de *familias mafiosas* se ajusta mucho mejor al tipo de gangsterismo político que proliferaba en Cuba en la década del cuarenta. Los continuos atentados personales y batallas campales entre grupos rivales —como la conocida por «Los Sucesos de la Calle de Orfila», ocurrida en La Habana el 15 de septiembre de 1947— alcanzaron tal nivel de gravedad que el presidente Carlos Prío aprobó en 1948 una Ley Contra el Gangsterismo. El tema del pandillerismo político en Cuba rebasa el alcance de este trabajo, pero esa modalidad de gansterismo tuvo una mayor relevancia e influencia en la historia de la isla que el considerable pero limitado impacto económico de las actividades de mafiosos vinculados al turismo y el juego.

4) Los ataques específicos contra Amadeo Barletta presentan todos los rasgos del modo torcido e indirecto en que se construyen las difamaciones oficiales. Su trayectoria empresarial, sin embargo, lejos de estar asociada a actividades o fuentes financieras cuestionables, muestra un ejemplo excepcional de tenacidad, laboriosidad, innovación y previsión, que bien puede servir de inspiración a otros empresarios e inmigrantes. Pocas personas enfrentan cinco grandes reveses a lo largo de su existencia y son capaces de recuperarse, sin que el desánimo o el rencor los paralice.

Barletta perdió casi todo su capital y supo levantarlo nuevamente cuando en 1930 el huracán San Zenón azotó la República Dominicana. Después, en 1935, Trujillo intervino sus empresas cuando lo detuvo y torturó por varias semanas. En 1941, en Cuba, Batista confiscó parte de sus propiedades, algunas de las cuales nunca llegó a devolver al terminar la II Guerra Mundial pese a que los tribunales fallaron a favor del empresario. En 1960 Fidel Castro volvió a expropiarlo y Barletta, de nuevo, tuvo que marchar al exilio. A la muerte de Trujillo pudo regresar a República Dominicana, donde una vez más levantó el capital y luego, la guerra civil en República Dominicana afectó sensiblemente sus empresas en 1965. Podría decirse que la suerte es un factor que en parte permitió esos éxitos, pero cuando el «milagro» se produce cinco veces hay que buscar sus causas en las condiciones personales de alguien que prefería usar su tiempo de forma productiva en lugar de emplearlo para llorar u odiar. Toda su energía creativa y talento autodidacta los canalizó en superar cada adversidad y seguir avanzando.[63]

En sus empresas se llevaron a cabo notables innovaciones periodísticas y tecnológicas y de-mostró siempre tener la sagacidad estratégica de los grandes visionarios industriales de su época. Valga

---

[63] El periodista Don Bohning, a quien Barletta le concedió una entrevista, comenta que el empresario a los 74 años se mantenía activo en los negocios. Barletta reconoce ante Bohning que los negocios son su pasatiempo. «Para mí el domingo es el peor día de la semana porque no hay nada que hacer», dice. Al reflexionar sobre las dificultades que ha tenido en su vida, afirma sin rencor: «He tenido mis problemas y he tenido mis éxitos y no los cambiaría por nada en el mundo. Me han traído mucha satisfacción». (Don Bohning, "He Licks Trouble Every Time", *The Miami Herald*, 14 de abril 1968, p. 4B)

recordar además que el periódico *El Mundo* fue el único que recibiera un homenaje y reconocimiento oficial del Congreso de la República de Cuba.[64]

Es inescrupuloso negar la proeza humana de Amadeo Barletta, ocultar sus contribuciones a la economía nacional y reducir todo a una morbosa y fraudulenta explicación sobre vínculos mafiosos inexistentes.

5) Los ataques del gobierno cubano a la reputación de Amadeo Barletta se produjeron en tres momentos diferentes (1960, 1971 y desde 1991 hasta la fecha) y responden a campañas que perseguían objetivos diversos.

En 1960 se deseaba justificar la intervención de sus propiedades, en especial respondían a la ansiedad gubernamental por apropiarse de su imperio mediático, cuando ya despegaba la guerra civil que se internacionalizó con la participación de la URSS y EEUU. El falso argumento empleado en aquel instante fue que Barletta se había beneficiado de relaciones privilegiadas con Batista e incluso con Trujillo.

En 1971 se deseaba desacreditar a la familia Barletta —padre e hijo— para así ripostar la condena del gobierno cubano que la Sociedad Interamericana de

---

[64] "Honrará hoy la Cámara en sesión especial la rectitud de El Mundo", *El Mundo*, 8 de noviembre de 1951

Prensa había hecho a instancias de Amadeo Barletta Jr.

Después del escándalo por narcotráfico de 1989 la figura de Barletta se incluye en una fantasiosa trama construida por un escritor cubano cuya obra ha sido promovida por la máquina de propaganda oficial. Esa narrativa pretende demostrar que la historia de Cuba desde inicios de la década de los años 30 hasta 1959 obedeció al control que de su economía y política ejercía la mafia italoamericana y las ganancias generadas por sus actividades criminales. Hay razones para pensar que el objetivo inmediato de esta tercera campaña era disminuir ante la opinión pública nacional e internacional, el impacto del escándalo por narcotráfico en que se vieron involucrados algunos de los principales dirigentes y oficiales del gobierno cubano ese año.

6) La historia del *character assassination* contra Amadeo Barletta adquiere renovada vigencia en las actuales circunstancias de Cuba.

Tanto en 1991 como de nuevo sucede en 2011, la coyuntura por la que atraviesa el régimen cubano es muy crítica. La intensificación de sus esfuerzos por deslegitimar el pasado está asociada a su renovada necesidad de legitimar el presente.

Sin embargo, el gobierno de La Habana, que hoy pretende recurrir a la iniciativa privada para sortear la bancarrota de la economía nacional y el inminente desempleo de alrededor del 25% de la fuerza laboral, no ha presentado excusas por los abusos antes cometidos contra el sector empresarial grande, mediano o pequeño.

La reconstrucción nacional no constituye solo un reto económico, sino también incluye la de nuestra memoria histórica. Debemos aspirar a una situación en que juntos trabajemos por establecer los hechos de manera fidedigna, aunque luego nos dividamos sobre el significado que deseamos atribuirles.

La pluralidad interpretativa no es una debilidad, sino una contribución a la formulación de las diversas opciones sobre las que tendrá que pronunciarse en su momento, de modo independiente y soberano, el pueblo de Cuba.

La primera empresa de Amadeo Barletta fue la Santo Domingo Motors Company, creada el 12 de septiembre de 1920 con crédito bancario. Su suegro le advirtió que no había más de 10 posibles compradores de autos en Santo Domingo. «Tenía razón. Sólo vendí tres autos el primer año» afirmó Amadeo en una entrevista, pero cuatro años más tarde la Santo Domingo Motors tenía un nivel de ganancias que le permitió abrir su segunda empresa: Dominican Tobacco and Co. Siempre fue política de Amadeo Barletta reinvertir los dividendos en el país en que residía.

Santo Domingo Motors, cerca de su décimo aniversario en la calle Presidente Vásquez. 1929.

Santo Domingo Motors después de las devastaciones del huracán San Zenón. 1930.

Amadeo Barletta, fundador de la Santo Domingo Motors Company, recibe del gerente director de la General Motors Overseas D. Corporation, Gregory Mc Nab, un reloj enchapado en oro, con motivo de cumplir la empresa dominicana medio siglo de servicio. A la izquierda, el presidente de la República Dominicana, doctor Joaquín Balaguer, quien asistió a los festejos del aniversario.

REVOLUCION LA HABANA, LUNES, 29 DE FEBRERO DE 1960 **2ª**

SECCION
ESPECIAL

HISTORIA DE LA SEMANA

LA NACION

➊ **Barletta fue cónsul de Mussolini y de Trujillo**
➋ **Convertiremos todos los cuarteles en escuelas**
➌ **Aportan los obreros 200 millones para industrias**

El titular mezcla una verdad con otra mentira. Barletta fue cónsul de Italia durante parte del gobierno de Mussolini pero jamás tuvo relación alguna con el régimen de Trujillo. De hecho ambos fueron enemigos incluso antes de que el dictador dominicano diese el golpe de estado que lo llevó al poder. Desde el inicio mismo del proceso revolucionario de 1959, las campañas de difamación jugaron un papel destacado para legitimar acciones de diverso tipo contra aquellos que se consideraban sus adversarios. En el caso de los empresarios, e incluso del mercado como mecanismo generador de riquezas de la economía, estas campañas de descrédito continuaron hasta la total expropiación de los bienes, no sólo de los grandes magnates, sino de todos los trabajadores por cuenta propia en 1968.

El 22 de febrero de 1960 se anuncia en la prensa cubana la confiscación de los bienes a 155 personas; un total de 40 empresas. Barletta se entera por la prensa de que sus empresas están incluidas en ese listado. Dos días más tarde refuta las acusaciones que le han hecho en la prensa. Su declaración es publicada en el *Diario La Marina*, porque el periódico *El Mundo*, de su propiedad pero ya puesto bajo control de personas asociadas al nuevo gobierno, se niega a publicarlo.

La declaración de Barletta comienza diciendo: «Siendo mi nombre lo único que nadie me puede quitar y lo que con toda seguridad y orgullo puedo legar a mis hijos y niegos, vengo por este medio a negar las calumnias de que he sido objeto por diversos órganos de publicidad».

UN TESTIMONIO DE ACOSOS Y DEMONIZACIONES

Ana Julia Faya

La investigación en las Ciencias Sociales, entre otras exigencias, requiere del uso de todas las fuentes posibles, con independencia de las ideologías o posiciones políticas de sus emisores, si el investigador a cargo pretende ser veraz y respetuoso ante sus lectores, o ante sus alumnos si se trata de un profesor. Por lo mismo, requerirá también de que explícitamente reconozca esas fuentes en el trabajo terminado o la conferencia impartida. Es que la valoración de una y otra información contribuyen a la objetividad que todo académico deberá imprimir en sus resultados. Estos, además, deberán mostrar la valoración de las hipótesis diversas, a veces contradictorias, por las que el intelectual ha debido transitar durante el a veces arduo y siempre estresante camino de la creación.

No obstante, la aplicación de estas normas elementales ha encontrado muy serios obstáculos en Cuba, donde pesan posiciones ideológicas y políticas oficiales sobre la investigación histórica, económica, filosófica o política, que castran los resultados de talentosos intelectuales seguidores del socialismo —o revolucionarios, como todavía se les llama en Cuba a

133

los partidarios del régimen—, no ya la obra de opositores o disidentes, la cual se rechaza de antemano. Los obstáculos aumentan si se trata de discernir cuáles son las fluctuaciones del pensamiento de un solo líder, de características totalitarias además, y cuando las posibilidades de publicación se reducen a aquellas admitidas por las autoridades correspondientes, quienes pueden encontrarse en un rango que va desde el Departamento Ideológico del Comité Central (CC) del Partido Comunista de Cuba (PCC), pasando por la institución académica a la cual se pertenece, hasta la casa editorial.

Muchos investigadores de las Ciencias Sociales en Cuba han experimentado situaciones en las que han debido callar sus resultados, han terminado guardando sus manuscritos en una gaveta, o han debido redactarlos de modo tal que «digan sin decir», en un lenguaje tan ambiguo que casi siempre atenta contra el mensaje del artículo o ensayo en cuestión. A veces han debido contentarse solo con leer libros proscritos cuando les ha sido posible obtenerlos y con discutir sus reflexiones sobre ellos entre amigos de toda confianza en la sala de su casa.

Las restricciones y reglas impuestas sobre la producción intelectual parten de las posiciones políticas asumidas por el liderato. Pueden además responder principalmente a la preeminencia de deter-minados sectores dentro de la elite, y su interpretación en las instituciones donde son aplicadas puede llegar a ser más o menos flexible, más o menos represiva.

Pueden incluso llegar al ridículo, como por ejemplo, en centros académicos y en la Universidad de La Habana, al elaborar la bibliografía de trabajos científicos se sopesaban las fuentes utilizadas, de modo tal que indicaran un balance favorable a aquellas admitidas oficialmente, entre las cuales los discursos de Fidel Castro o compilaciones de ellos deberían ocupar un espacio principal. Las bibliografías de tesis de grado, doctorado y de expedientes científicos para la obtención de cualquiera de las categorías de investigación se encabezaban con las Obras Completas de Marx, Engels y Lenin, y con los discursos de Fidel Castro, y después se ordenaba el resto de lo consultado en orden alfabético, como demostración no solo de incorruptibilidad ideológica —porque ello solo no basta—, sino de fidelidad al líder, aunque el tema de la especialidad en cuestión fuera la piratería en los mares del Caribe o las influencias del flamenco en la música cubana.

Mi experiencia en el campo académico tuvo un inicio adverso en el Departamento de Filosofía de la Universidad de La Habana, que en buena medida marcó mi trayectoria posterior. Ese centro, donde estudié para desarrollar después mi trabajo como instructora de marxismo, fue cerrado. Y como para que no quedaran huellas, sus publicaciones fueron destruidas y el edificio donde radicó demolido.

Con la filosofía, el marxismo y la historia del pensamiento político cubano que allí se investigaba e impartía se intentaba abarcar toda la obra creativa de esas especialidades, sin discriminar a autores relevantes, y se trataba de evitar los dogmas y manuales en boga provenientes del socialismo soviético. Al iniciarse la década de los años 70, los que pertenecimos al Departamento de Filosofía recibimos acusaciones de «revisionistas» por parte de la alta dirigencia del régimen cubano, en especial desde la sección ideológica del Ministerio de las Fuerzas Armadas. Hasta ese momento habíamos creído interpretar el pensamiento de Fidel Castro y el marxismo que pensábamos lo sustentaba, sin darnos cuenta que Castro, tras el fracaso de la Zafra de los Diez Millones, había transitado de promover focos guerrilleros en América Latina y África, hacia la institucionalidad de los Estados miembros del CAME. Los sectores más cercanos a la política soviética y al marxismo más dogmático y simplón habían asumido la orientación ideológica en el país y la creación académica.

La bibliografía que utilizamos en el Departamento, la cual trataba de abarcar el pensamiento de Trotsky, Gramsci, Luxemburgo o Luckacs, o penetraba en las distinciones entre las obras de Federico Engels con relación a las de Karl Marx, en la obra de Heidegger o Kierkegaard, los artículos en la revista *Pensamiento Crítico*, y las investigaciones sobre pensadores y políticos cubanos como Félix Varela, Guiteras o Chibás, fueron utilizados en nuestra contra. Las discusiones entre la dirección del Departamento y *Pensamiento Crítico* con una comisión del Partido dirigida por el

Presidente Osvaldo Dorticós fueron infructuosas. La mayoría de los miembros de filas del Departamento —aun los que no llegamos a publicar ni a impartir clases— fuimos sometidos a un tribunal compuesto por profesores y dirigentes del PCC de la Universidad que se encargó de reubicarnos, separados unos de otros, en facultades de la propia universidad o en otras instituciones del país, luego de someternos a un interrogatorio sobre lo que ellos consideraban eran los «principios» que debían guiarnos, seguido de un buen responso si nuestras respuestas no eran de su agrado. Desde entonces, pasé a formar parte de los «revisionistas de Filosofía», una especie de parias tropicales, a quienes no era recomendable acercarse mucho si se quería sobrevivir en aquella sociedad.

En aquel tiempo, las figuras que integraban la elite bajo el régimen totalitario cubano no constituían un monolito. En ella todavía cohabitaban representaciones de las diversas tendencias que llevaron a cabo la insurrección contra la dictadura de Fulgencio Batista: comunistas del Partido Socialista Popular, anti-comunistas, dogmáticos, anti dogmáticos, fidelistas, guevaristas, prosoviéticos y otros no tanto, todos viviendo bajo el socialismo real. Estas diferencias de actitudes y visiones sobre la Cuba de Fidel Castro, me permitieron, aun con el bagaje de Filosofía, trabajar en la Oficina de Publicaciones del Consejo de Estado, en la Plaza de la Revolución, bajo la supervisión de Celia Sánchez.

Pero aún allí, consustancial al régimen, constaté también censuras, prohibiciones y fui testigo de la fabricación de imágenes sobre la dirección del país y sus líderes. Por ejemplo, uno de mis trabajos fue la preparación de una cronología ilustrada con fotos, de 1959 a 1975, que debía publicarse para la celebración del Primer Congreso del Partido bajo el titulo de *Dieciséis años de Revolución.* Junto a un historiador, trabajamos durante varios meses en archivos de periódicos, revistas y en la Biblioteca Nacional, después que con una carta firmada por Celia Sánchez obtuvimos acceso total a los archivos de fuentes públicas de los años 60, por entonces no accesibles a la población. Para escoger las fotos donde estuviera Fidel Castro, se nos puso como requisito que no apareciera con espejuelos, ni tuviera expresiones sardónicas, sino aguerridas o amables. Concluimos la cronografía y Celia convocó a una reunión para someterla a crítica.

Representantes de la oficina de Raúl Castro objetaron casi el 40 por ciento de las fotos. La primera fue la foto histórica donde Fidel Castro convoca a una huelga general el 2 de enero del 1959, y se ve a un grupo de miembros del Ejército Rebelde, entre ellos a Carlos Franqui —quien recientemente había partido al exilio. Se nos entregó una foto con la imagen de Franqui borrada, con técnica similar a la utilizada por el estalinismo en la URSS. Otra de las objeciones estuvo relacionada con el éxodo, en 1965, de cubanos hacia Estados Unidos por el puerto de Camarioca, sobre lo cual se pretendía que no se les diera relevancia a los que se marchaban del país. Pero las objeciones principales versaron sobre el número de veces que el entonces Presidente Osvaldo Dorticós aparecía con relación a Raúl Castro. Incluso se nos habló de un por ciento de fotos de Fidel, otro de Raúl y el entonces Presidente quedaba con un por ciento mínimo de fotos. No se tuvo en cuenta la importancia de los eventos que se ilustraban, fueran nacionales o internacionales, que por su carácter —como la bienvenida que se le tributara en La Habana al Presidente Sukarno de Indonesia— obligaron a la presencia del Presidente del país y no a la del Jefe de las Fuerzas Armadas. La cronografía no se publicó.

Otro de mis trabajos en la OPCC fue una investigación acerca de la Huelga de Abril de 1958, recién publicado en el extranjero el libro que con documentos y filmes sacados de la Oficina de Asuntos Históricos del Consejo de Estado, publicara Carlos Franqui. Al parecer, se quería presentar la versión oficial de los hechos que Franqui en el exilio documentara con facsímiles. Tuve acceso total a los archivos históricos de Fidel Castro y a su Oficina de Versiones Taquigráficas, entrevisté a más de 200 participantes en la huelga, de todas las provincias del país, incluidas largas sesiones con personalidades que se encontraban a punto de ser liberadas de condenas por razones políticas, como David Salvador, o con dirigentes nacionales del Movimiento 26 de Julio, como Faustino Pérez.

Después de dos años de trabajo, el resultado de más de 200 páginas no fue publicado. En mis conclusiones no se resaltaba la figura de Fidel Castro, o la heroicidad de los rebeldes de la Sierra, quienes apenas desarrollaron acciones armadas en abril de 1958, sino la actividad de una muy dinámica sociedad civil durante los primeros meses de aquel año bajo Batista (que no admitía comparación con la manca realidad de los años 70). Se enfatizaban, además, las acciones, organización y coordinación de la dirigencia del M26-7, plagada de personalidades con tendencias ideológicas disímiles —y de fallas también para producir la huelga—, en cuyas manos radicó el poder real del Movimiento hasta la Huelga. Se relataban las fuertes discusiones entre los comunistas del PSP y dirigentes del M26-7; y se describía, como un parte aguas en esa historia, la reunión de Mompié, donde con un grave fracaso a cuestas los dirigentes del llano soportaron que la Sierra se les impusiera mientras Che hacía las veces de fiscal acusador y los rebeldes mantenían sus fusiles rastrillados.

La demonización de los que pertenecimos al Departamento de Filosofía resurgió ante mí cuando tomé la decisión en 1980 de trasladarme a trabajar al Centro de Estudios Europeos (CEE), perteneciente al CC del PCC. Habían transcurrido casi diez años del episodio del Departamento, durante los cuales supe de varios incidentes de acoso y discriminaciones contra ex compañeros: algunos no pudieron reubicarse en la academia; otro fue acosado por autoridades partidarias hasta hacerlo renunciar a impartir clases de Historia de Cuba en la Universidad, acusado de subrayar en su aula la devastación causada por la táctica de la «tea incendiaria» utilizada por Máximo Gómez durante la Guerra de Independencia, y por negarse a encontrar el marxismo en la obra de José Martí; a otros que habían decidido integrar un grupo musical, obtuvieron el permiso a viajar en giras artísticas al exterior, después de acaloradas discusiones con dirigentes de la Unión de Jóvenes Comunistas, quienes les negaban el permiso de salida por razones ideológicas; aun otros fueron objeto de acusaciones fabricadas por las cuales purgaron en detenciones a manos de la Seguridad del Estado.

Dadas estas realidades, cuando se me comunicó que mi petición de ingreso al CEE se denegaba sin darme más explicaciones, decidí indagar y descubrí que miembros del PCC en el CEE me habían vetado porque en ese Centro ya trabajaba un investigador que había pertenecido a Filosofía y no querían correr el «peligro ideológico» de que nos reuniéramos más. Presenté, entonces, una reclamación formal a las autoridades partidarias haciendo uso del status privilegiado que me daba la cercanía a Celia Sánchez. En la reclamación sostuve que no admitía los argumentos en mi contra si no se presentaban pruebas contundentes sobre mis «problemas ideológicos». Le presenté en carta a Celia mi situación y con ella sostuve una entrevista de más de una hora —reveladora para mí de las características de grupos e individualidades dentro de la elite, incluido Fidel Castro—, a partir de la cual la Oficina de Apelaciones y Sanciones (OAS) del Comité Central se hizo cargo del caso.

Tras la muerte de Celia Sánchez y negada a integrarme a un colectivo hostil en el CEE, pasé a trabajar como funcionaria del Departamento América del CC del PCC, bajo la jefatura de Manuel Piñeiro, amigo personal y colaborador de Celia. El acceso que tuve allí a información clasificada me permitió conocer opiniones destructivas que sobre mí emitieron funcionarios del CC durante las investigaciones que la OAS condujo, aun cuando estos individuos no me conocían personalmente ni habíamos desarrollado ningún trabajo en común, sino les bastó saber de mi pertenencia a Filosofía.

Después de varios meses, como resultado de las investigaciones de la OAS y de denuncias paralelas que ex colegas de Filosofía habían presentado ante autoridades del país, se creó una Comisión conformada por miembros del Comité Central, que escuchó los casos de varios de nosotros y emitió un documento, donde se aclaraba que el hecho de haber estado dentro del claustro de aquel Departamento no era razón para discriminación alguna, aunque en el lenguaje ambiguo utilizado para su redacción no quedaba claro si se nos exoneraba de toda culpa. Muchos lo asumimos como una «patente de corso» con la cual se podía vivir, pero no evitó que se nos siguiera asumiendo como intelectuales a quienes debía vigilárseles de cerca.

Esta «vigilancia» especial, y otras muchas situaciones de significación allí creadas, condujeron al desmembramiento, en 1996, del Centro de Estudios de América (CEA), donde en distintos momentos habíamos ingresado como investigadores seis ex colegas del viejo Departamento de Filosofía. Acusaciones de «quintacolumnistas», y de «agentes del imperialismo» leídas por Raúl Castro en el Informe ante el V Pleno del Comité Central, iniciaron uno de los casos de represión intelectual más ignominiosos de los años 90 en Cuba. Contra Filosofía de nuevo y contra el CEA en total, el Segundo Secretario del PCC dirigió sus ataques: «en los últimos veinte y cinco años, le he dado dos tablazos al colectivo», diría en nota del 24 de mayo de 1996 (Maurizio Giuliano, 1998).

Me exime de hacer un relato sobre este proceso, sus repercusiones nacionales e internacionales, y sobre la suerte de la mayoría de nosotros, el magnífico libro citado de Giuliano, *El caso CEA. Intelectuales, Inquisidores, ¿Perestroika en la Isla?*, un detallado y documentado análisis sobre este escándalo de represión intelectual de la que fuimos víctimas de la cúpula del poder en Cuba, por partida doble varios de nosotros. Giuliano utilizó para su redacción —y reprodujo— las actas de las discusiones sostenidas entre el Consejo de Dirección del CEA y la Comisión creada por el Buró Político del PCC, las del núcleo de PCC del CEA, entrevistas a varios investigadores, e información pública de Cuba y de otros países en aquellos meses de marzo a octubre de 1996, lo cual convierte a este volumen en prácticamente una fuente primaria.

Sirva solo decir que la experiencia vivida en Filosofía a inicios de los 70, la personal de muchos de nosotros en años posteriores, unido a las novedosas circunstancias políticas de los 90 en Cuba y a la particularidad de que todos los acusados éramos miembros del PCC, nos permitió actuar como colectivo —sin disidencia alguna—, ante las imputaciones que la alta dirección del propio Partido nos hiciera. Pero, también constatamos que las exigencias que hiciéramos de que se nos exonerara de las acusaciones dadas a conocer en toda la nación, con la publicación del Informe al V Pleno en *Granma* y con la convocatoria a su discusión en centros de trabajo y en los Comités de Defensa de la Revolución, no fueron atendidas. Las acusaciones se mantuvieron y el Centro fue desmantelado.

La «culpa» de los investigadores del CEA, como antes había sido la de Filosofía, consistió en desarrollar la más honesta práctica académica dentro de nuestras convicciones ideológicas de entonces, aun cuando los resultados de las investigaciones distaran de la política oficial. Pero, los regímenes totalitarios desconocen esto. Bajo ellos, los aparatos político y de propaganda imponen las reglas del juego y se paga caro cuando no se siguen al pie de la letra las decisiones sobre lo que puede investigarse, decirse y publicarse sobre ciertos temas, hechos y personas.

En la foto de la izquierda, tomada en el momento en que Fidel Castro llama a la huelga general en enero de 1959, puede verse a Carlos Franqui en el centro. Posteriormente, cuando Franqui marchó al exilio, el gobierno cubano manipuló la foto para borrar su imagen, como se aprecia en la situada a la derecha.

CÓMO Y POR QUÉ HAN TRATADO DE DESTRUIR MI REPUTACIÓN

Carlos Alberto Montaner

Voy a describir mi caso, mi experiencia como víctima de una constante y pertinaz campaña de difamación. No obstante, antes de llegar a ese punto me parece útil puntualizar ciertos aspectos. Las calumnias y las injurias de que he sido y soy objeto no constituyen un fenómeno aislado o atípico. Por el contrario, forman parte de una estrategia represiva general que está en la médula de las dictaduras totalitarias.

Legitimidad política e historia oficial

¿Por qué esta brutal deslegitimación de los opositores demócratas? Por una razón fundamental: la legitimidad política de la dictadura cubana está basada en la supuesta sabiduría infinita de su líder, un caudillo que siempre habla ex cátedra. No hay espacio para el disenso ni para la duda. Como ocurría en la Edad Media con la enseñanza escolástica, ya todas las verdades han sido manifestadas o descubiertas por las autoridades. Pensar de otra manera, tener otro punto de vista, convierte a la persona que manifiesta esa discrepancia, duda o independencia de criterio, en un hereje que debe ser castigado o extirpado del seno de la sociedad.

En el caso cubano, ni siquiera hay autoridades en plural. Hay sólo una: la autoridad es y ha sido Fidel Castro, cuya palabra y cuyos discursos constituyen los libros sagrados de la secta. No importa que Castro se haya contradicho un sinnúmero de veces. Cada rectificación es una nueva expresión de la verdad que no necesita ponerse a prueba, explicarse o justificar el cambio de criterio. Sus partidarios y el pueblo en general no están ahí para pensar por cuenta propia, sino para acatar y aplaudir. Ser *revolucionario* en la Cuba de Castro, por encima de todo, es abdicar de la facultad de juzgar la realidad de forma individual. Esa tarea le corresponde al líder.

La historia oficial es muy sencilla: supuestamente, Fidel Castro, su hermano Raúl y los revolucionarios que los acompañan, son los herederos de los mambises nacionalistas, anti imperialistas y anti americanos del siglo XIX. Ellos recogieron la antorcha que dejó Martí tras su muerte en 1895 (legado que traicionaron los políticos de la seudo república fundada en 1902), con el objeto de crear una sociedad justa y educada, dotada de un extendido sistema sanitario, muy lejos de la explotación de los capitalistas extranjeros y de sus lacayos, los capitalistas cubanos. Esa revolución, obviamente, tenía que hacerse dentro de las coordenadas del marxismo-leninismo, porque ésa era la ideología científica del progreso y del desarrollo expedito.

Al margen de esa caprichosa narrativa, absolutamente reñida con la realidad histórica, y de que esa peculiar opción ideológica fracasaba en 20 países, era fundamental creer que en Fidel Castro, en Raúl y en sus principales partidarios, ayudantes y cómplices, comparecían las virtudes esenciales de las grandes personalidades. Había que dar por hecho que todos eran honrados, abnegados, austeros, laboriosos, apegados a la verdad, y estaban dispuestos a dar la vida por el ideal de convertir a Cuba en una nación feliz y próspera de ciudadanos orgullosos de haber constituido una nación guiada por la ética y dedicada a la salvación de otros pueblos menos afortunados.

Ser revolucionario es creer en eso. Por la otra punta, ser contrarrevolucionario es ponerlo en duda.

Naturalmente, la Cuba real distaba mucho de esa absurda simplificación histórica y moral tan alejada de la realidad. La verdad era que en esa pobre isla la implantación de una dictadura comunista había traído tantos contratiempos como en el resto de los países que alguna vez han experimentado con ese calamitoso sistema.

La verdad era que el discurso político revolucionario, basado en una falsificación de la historia, no se sostenía, junto al hecho palmario de que la estructura de poder, comenzando por los hermanos Castro, era tan torpe, corrupta y negligente como la de cualquier tiranía comunista tras medio siglo de gobierno. La improductividad y la cuasi demolición física del país no dejaban lugar a dudas.

En todo caso, pese a las evidencias, dentro de Cuba era relativamente fácil imponer la uniformidad y convertir a toda la sociedad en un inmenso coro de sicofantes dedicados a cantar las glorias del régimen. A base de premios y castigos, muchos más castigos que premios, en un tiempo relativamente breve toda la estructura de poder y todos los funcionarios con acceso a los medios de comunicación aprendieron lo que tenían que hacer y decir para mantener sus posiciones.

Por otra parte, desde el inicio de la revolución quedaron muy bien pautadas las medidas represivas que debían adoptarse para castigar a quienes se atrevieran a disentir. Desde el momento en el que el comandante Huber Matos fue declarado traidor y condenado a 20 años de cárcel por escribirle una simple carta privada de renuncia a Fidel Castro, todo el mundo supo a qué atenerse. Simular era la forma de sobrevivir.

La difamación como arma política

Naturalmente, a la dictadura se le planteaba un grave problema con los cubanos que criticaban a la revolución. Como se trataba de un régimen fundado en un dogma inapelable —la infalibilidad de Fidel, la certeza de su verdad oficial y su inobjetable calidad ética—, era impensable que esos opositores pudieran tener razón, ni siquiera parcialmente, de manera que había que combatirlos, pero no debatiendo sus argumentos, porque se entraba en un terreno peligroso en el que el gobierno podía perder, sino tratando de destruir la reputación de esos cubanos incómodos y rebeldes.

Con el objeto de silenciarlos, los opositores cubanos eran siempre caracterizados con alguno, varios o todos estos rasgos:

- batistianos que pretendían volver a la etapa de la corrupta dictadura derrocada por la revolución,

- torturadores pertenecientes a la tiranía de Batista,

- oligarcas resentidos porque habían sido privados de sus bienes,

- ambiciosos resentidos contra la Revolución, porque solo habían luchado contra Batista procurando un puesto destacado en el futuro gobierno revolucionario y no lo habían obtenido

- fascistas que odiaban el protagonismo de las masas,

- racistas disgustados por las medidas igualitarias dictadas por la revolución que favorecían a los negros,

- agentes de la CIA,

- terroristas,

- amorales vendidos al oro de Washington o de las grandes corporaciones económicas,

- gentuzas invariablemente movidas por inconfesables intereses,

- enemigos crueles de un pueblo decente que luchaba a brazo partido por progresar mientras sufría el acoso del imperialismo norteamericano.

Un adjetivo, también utilizado por Hitler para referirse a los judíos, resumía la caricatura del opositor a la dictadura comunista cubana: eran *gusanos*. Eran animales repugnantes que no merecían vivir y a los que se les podía aplastar sin ningún escrúpulo moral.

Sin embargo esta manera brutal de descalificar a los adversarios no era una respuesta visceral surgida de un momento de cólera. Por el contrario: se trata de un plan metódico dirigido a lograr tres objetivos conducentes a la consolidación del poder totalitario:

1. Confirmar la grandeza de la revolución y de sus líderes mediante el contraste con sus despreciables enemigos.

2. Silenciar los argumentos de la oposición mediante la demonización de quienes critican al gobierno cubano, cerrándoles el acceso a los medios de comunicación.

3. Disuadir a cualquier cubano de que manifieste posiciones críticas dado el altísimo precio que tendría que pagar por ello.

¿Cómo monta el gobierno cubano sus campañas de difamación o, como dicen en inglés, *character assassination*? Seguramente, siguiendo muy de cerca las once recomendaciones o *principios* que algunos le atribuyen a Goebbels, genio nazi de estas sucias campañas propagandísticas:

Principio de simplificación y del enemigo único. Adoptar una única idea, un único símbolo. Individualizar al adversario en un único enemigo.

Principio del método de contagio. Reunir diversos adversarios en una sola categoría o individuo. Los adversarios han de constituirse en suma individualizada.

Principio de la transposición. Cargar sobre el adversario los propios errores o defectos, respondiendo el ataque con el ataque. «Si no puedes negar las malas noticias, inventa otras que las distraigan».

Principio de la exageración y desfiguración. Convertir cualquier anécdota, por pequeña que sea, en amenaza grave.

Principio de la vulgarización. Toda propaganda debe ser popular, adaptando su nivel al menos inteligente de los individuos a los que va dirigida. Cuanto más grande sea la masa a convencer, más pequeño ha de ser el esfuerzo mental a realizar. La capacidad receptiva de las masas es limitada y su comprensión escasa; además, tienen gran facilidad para olvidar.

Principio de orquestación. La propaganda debe limitarse a un número pequeño de ideas y repetirlas incansablemente, presentarlas una y otra vez desde diferentes perspectivas, pero siempre convergiendo sobre el mismo concepto. Sin fisuras ni dudas. De aquí viene también la famosa frase: «Si una mentira se repite suficientemente, acaba por convertirse en verdad».

Principio de renovación. Hay que emitir constantemente informaciones y argumentos nuevos a un ritmo tal que, cuando el adversario responda, el público esté ya interesado en otra cosa. Las respuestas del adversario nunca han de poder contrarrestar el nivel creciente de acusaciones.

Principio de la verosimilitud. Construir argumentos a partir de fuentes diversas, a través de los llamados globos sondas o de informaciones fragmentarias.

Principio de silenciamiento. Acallar las cuestiones sobre las que no se tienen argumentos y disimular las noticias que favorecen el adversario, también contraprogramando con la ayuda de medios de comunicación afines.

Principio de la transfusión. Por regla general, la propaganda opera siempre a partir de un sustrato preexistente, ya sea una mitología nacional o un complejo de odios y prejuicios tradicionales. Se trata de difundir argumentos que puedan arraigar en actitudes primitivas.

Principio de la unanimidad. Llegar a convencer a mucha gente de que piensa «como todo el mundo», creando una falsa impresión de unanimidad.

Mi caso

Por fin llegamos a «mi caso». Desde hace muchos años los servicios cubanos de inteligencia me dedican ataques periódicamente. Esos ataques, llenos de infamantes mentiras, a veces se publican en el periódico *Granma* y luego se reproducen en diversos medios latinoamericanos o de Internet controlados o penetrados por la policía política de la dictadura. A veces sucede a la inversa: los ataques se inician en un medio fuera de Cuba y entonces los recoge *Granma*.

Con frecuencia, cuando dicto conferencias o presento libros en América Latina, España y hasta en Italia, la embajada cubana, por medio de sus simpatizantes, organiza actos de repudio para tratar de callarme y para intimidar a los anfitriones. En Argentina —en Buenos Aires y en Rosario— han llegado a quemar gomas, mientras en las afueras del recinto insultaban y maltrataban a los asistentes a mis charlas. En Colombia, una red de internautas controlada por los servicios cubanos desde Caracas, de acuerdo con lo que me comunicaron las autoridades colombianas, a cargo de un señor llamado Alfredo

García, hizo una prolongada campaña encaminada a sacarme de los medios de comunicación que reproducían mis columnas.

Por lo menos en dos oportunidades han publicado y distribuidos folletos en mi contra y, al menos una vez, han llegado al extremo de enviarme una bomba dentro de un libro titulado *Una muerte muy dulce*. El paquete fue remitido a mi oficina en Madrid y no tenía la intención de matarme, sino de intimidarme para que dejara de hablar y escribir. No estaba preparado para estallar.

Las difamaciones que repiten incansablemente en mi contra insisten en:

- *Que mi padre era un batistiano torturador.* En realidad, mi padre era amigo de Fidel Castro y su compañero en el Partido Ortodoxo. Cuando Fidel estuvo preso en Isla de Pinos, mi padre, que era un periodista conocido, abogó públicamente por su libertad, algo que Fidel le agradeció, como se puede comprobar en la correspondencia de éste con Luis Conte Agüero. Mi padre, por cierto, no era el único miembro de la familia amigo de Fidel Castro: también lo era el primo hermano de mi padre, José de Jesús Ginjauma Montaner (Pepe Jesús), ex jefe de Fidel Castro en la Unión Insurreccional Revolucionaria (UIR). Dados esos vínculos con mi familia, Fidel solía visitar nuestro hogar en la calle

Tejadillo de La Habana Vieja a fines de los años cuarenta y principios de los cincuenta.

- *Que yo soy un agente de la CIA,* primero radicado por ese organismo en Puerto Rico y luego en España, acusación absolutamente falsa, lanzada sin la menor prueba y sin el menor sustento documental, pese a que los servicios cubanos han solicitado (y obtenido) mi expediente al gobierno federal basados en el *Freedom of Information Act.* Residí en Puerto Rico mientras enseñaba literatura en una universidad y luego me fui a España a estudiar el doctorado. En España, donde he vivido por cuatro décadas, fundé una pequeña editorial dedicada a publicar libros relacionados con el aprendizaje de la lengua española. Mientras existió la empresa, publicamos más de 500 libros sobre lengua y literatura. Como nunca he dejado de ser un demócrata exiliado, publicamos unos cuantos estudios cubanos que demostraban los atropellos de la dictadura contra los homosexuales y otras violaciones de los Derechos Humanos. Por otra parte, la ley norteamericana, desde principios de los años setenta, prohíbe que sus agentes trabajen en medios de comunicación norteamericanos que divulguen información dentro de Estados Unidos. Desde hace varias décadas yo he trabajado para *The Miami Herald* y hoy lo hago para CNN, por sólo mencionar dos de los medios norteamericanos de prensa con los que he estado o estoy vinculado. Nada de esto habría sido posible si fuera verdad que yo soy un agente de la CIA.

- *Que soy un terrorista* porque hace medio siglo, cuando yo tenía 17 años, junto a otros tres estudiantes (uno de ellos, Alfredo Carrión Obeso fue asesinado en prisión por los guardias) fui detenido y condenado a prisión por delitos de carácter político. Tampoco es cierto: en el juicio no nos acusaron de ningún acto específico de terrorismo porque, en verdad, no habíamos cometido ninguno. Si lo hubiéramos hecho, en aquella época, principios del año 61, sin la menor duda hubiésemos sido fusilados, como les sucedió a numerosos jóvenes en esos momentos de paredón incesante. En realidad, me repugna el terrorismo y, de la misma manera que durante la dictadura de Batista me parecía despreciable que el Movimiento 26 de Julio colocara bombas y matara o mutilara inocentes, como sucedió más de una vez, o que secuestrara aviones, como hicieron con una nave de Cubana de Aviación a fines de 1958, episodio en el que perdieron la vida varios niños y adultos totalmente inocentes, nunca he estado de acuerdo con que el fin justifica los medios. Esa infame manera de razonar es la de la dictadura cubana, no la mía.

- *Que fui adiestrado como oficial del ejército de Estados Unidos en Fort Benning.* Jamás he puesto un pie en ese sitio, nunca he sido oficial del ejército norteamericano y carezco de la menor vocación castrense. En cambio, me alisté como soldado en las entonces llamadas «Unidades Cubanas» durante la Crisis de los Misiles en octubre de 1962 —primero estuvimos en Fort Knox y luego nos trasladaron a Fort Jackson—, convencido de que había que luchar contra la injerencia soviética en Cuba. Tras el pacto Kennedy-Kruschov los cohetes fueron retirados de la Isla y los reclutas nos quedamos atrapados en el ejército americano durante seis inútiles meses, hasta que pudimos licenciarnos. Junto a varios de los jóvenes que pasamos por esa experiencia entonces intentamos crear una organización que fuera capaz de luchar por reconquistar la libertad para los cubanos, pero fracasamos antes de debutar y a los pocos meses, sin pena ni gloria, se disolvió el grupo.

Para difundir esas mentiras, el gobierno cubano utiliza diversos voceros y funcionarios, pero a quien le han asignado la tarea de atacarme asiduamente es a un periodista canadiense refugiado en Cuba, vinculado al Ministerio del Interior, llamado Jean-Guy Allard, a quien sus compatriotas no le perdonan que entre sus funciones esté la de hacer informes de inteligencia sobre los funcionarios canadienses en contacto con la

Isla, actividad que cae en el capítulo de la traición a la patria en que nació.

¿Por qué han arreciado esos ataques difamatorios en mi contra? Sin duda, para tratar de silenciarme, pero, sobre todo, porque hace unos veinte años, en Madrid, en 1990, contribuí decisivamente a crear la *Plataforma Democrática Cubana*, una coalición de liberales, democristianos y socialdemócratas que buscaban una evolución pacífica del régimen semejante a la que los españoles habían experimentado tras la muerte de Franco, con puntos de contacto con los esfuerzos que llevaban a cabo los europeos de los antiguos satélites de Moscú por aquellos días de estrenar la libertad posteriores al derribo del Muro de Berlín.

Para la dictadura cubana, ese planteamiento generaba un feroz anatema. Lo consideraban más peligroso que cualquier reto violento y, en consecuencia, se dieron a la tarea de presentar nuestra oferta de diálogo como si fuera una iniciativa siniestra de la CIA y no como lo que realmente era: un intento totalmente independiente por sacar el conflicto cubano del reñidero entre Washington y La Habana para trasladarlo a su justo sitio: un enfrentamiento civilizado entre los demócratas cubanos, respaldados por los demócratas de todo el mundo, y la última dictadura estalinista de Occidente.

A partir de ese punto, el aparato de difamación del régimen, coordinado por el *Departamento de Orientación*

Revolucionaria, el tristemente famoso DOR, multiplicó su campaña y la llevó, además, a varios idiomas, dado que entendía que el reto era de carácter internacional.

Internet y Wikipedia

Para lograr sus fines, la dictadura cubana, paradójicamente, ha contado con el apoyo de uno de sus más peligrosos enemigos: Internet. El mismo mecanismo que el gobierno teme como al diablo, y al que se dedica a controlar de una manera obsesiva para que los ciudadanos no puedan informarse o informar libremente, le sirve para difundir y multiplicar sus mentiras, utilizando para ello a numerosos *ciberguerreros* adscritos al Ministerio del Interior y a estudiantes de la *Universidad de Ciencias Informáticas* expertos en crear estados de opinión por medio de las redes virtuales.

Dentro de esa constante batalla, una *web* es especialmente importante para la dictadura cubana: *Wikipedia*, una enciclopedia virtual de libre elaboración, consultada por la mayoría de los estudiantes y medios de comunicación del mundo, donde el gobierno cubano puede escribir y reescribir como le da la gana las biografías de sus amigos y enemigos, contando con la ventaja de que, aparentemente, se trata de un medio independiente.

Dada mi experiencia personal con Wikipedia, me permito reproducir aquí lo que en su momento escribí en una de mis columnas:

La batalla de Wikipedia

A mediados del siglo XVIII un editor parisino le encomendó al escritor Denis Diderot la confección de una obra que recogiera todo el saber relevante de su tiempo. Así, a lo largo de 26 años surgieron los 28 tomos de la Enciclopedia Francesa, redactados por las intelectuales más valiosos (y valientes) de la época: unos 160 autores entre los que se encontraban Voltaire, Rousseau y Montesquieu. Los libros incluyeron más de setenta mil artículos y casi tres mil ilustraciones. Pocos años después de publicados se desató la Revolución Francesa y el «antiguo régimen» resultó liquidado. Aunque sea imposible de demostrar, los dos hechos tienen una indudable relación. La guillotina no tardó en comenzar a funcionar.

La enciclopedia de nuestro tiempo se llama Wikipedia. Es una obra colectiva y anónima editada en Internet, con la que espontáneamente y sin dirección previa colabora un ejército de voluntarios. Su dimensión y su impacto son infinitamente mayores que los de la colección editada por Diderot. Carmen Pérez-Lanzac resumió hace unos días en *El País* este fenómeno editorial: en sus poco más de ocho años ya recoge 11 millones de artículos pergeñados por 150.000 autores en 265 idiomas, aunque el inglés, naturalmente, es la lengua dominante. Sólo en castellano ya se cuentan 482.000 artículos a los que se agregan unos 400 todos los días.

¿Es fiable esa enorme masa de información? Relativamente, como no se cansan de advertir los expertos, pero de acuerdo con la contabilidad implacable de Google es la fuente de información más buscada y utilizada. ¿Por quiénes? Por los estudiantes que necesitan hacer sus trabajos, por los periodistas agobiados por la falta de tiempo, por todo aquel que requiere urgentemente de un dato y generalmente no encuentra ninguno más a la mano que el que trae Wikipedia.

El asunto es muy peligroso porque Wikipedia es también un terreno de batalla ideológica en el que no faltan las mentiras o la sesgada selección de información para distorsionar la imagen del adversario al que quieren destruir. En Wikipedia hay muchos colaboradores sanamente dedicados a la difusión del conocimiento, pero también existen muchos guerreros decididos a destruir la reputación de quienes ellos consideran sus enemigos.

Todo esto lo conocí de primera mano cuando un ex alumno mío me advirtió que mi biografía en Wikipedia me describía como un terrorista al servicio de la CIA autor de asesinatos de curas y de no sé cuántas otras delirantes fantasías. Como no soy nada ducho en esos asuntos técnicos, le pedí que se pusiera en contacto con los organizadores de Wikipedia y les explicara la difamación de que era objeto. Le hicieron caso, investigaron los hechos y las alegaciones, eliminaron las falsedades más evidentes y colocaron un «candado» en la página para que los calumniadores no pudieran reescribir sus infamias.

En el proceso de enmendar esta página de Wikipedia, mi ex alumno averiguó que una de las fuentes de desinformación es la Universidad de Ciencias Informáticas que existe en La Habana, erigida sobre lo que fue la base de espionaje de Lourdes creada por los soviéticos en Cuba durante la Guerra Fría, en donde se han creado unos «comandos de acción digital» para escribir y reescribir las biografías de amigos y enemigos de acuerdo con el guión que les dicta la policía política. Para ellos, Wikipedia es un campo de batalla en el que forjan la imagen de la realidad que sirva los intereses de la revolución. Nunca antes —afirman— han dispuesto de un aparato de propaganda tan formidable, gratis, anónimo (lo que les evita responsabilidades penales) y eficaz. Me imagino que también sueñan con poner en uso la guillotina.

El final de esta historia

No obstante, todos esos intentos por difamar a sus adversarios y por acuñar una versión de la historia y de la realidad ajustada al discurso de la revolución acabarán por ser totalmente inútiles. La URSS, que fue la maestra del gobierno cubano en estas lides, también denigró sin recato y sin vestigios de decencia a los opositores, pero a medio o largo plazo todo eso fue inútil. Mientras los peones del poder durante la dictadura comunista hoy son detestados o ignorados por el pueblo ruso, el prestigio y la reputación de hombres como Sajarov o Solzhenitzyn han sido totalmente restaurados. El *character assassination* nunca es definitivo. Igual sucederá en Cuba.

Si se realiza una búsqueda en Google con las palabras
«Carlos Alberto Montaner CIA» la primera referencia
que aparece es el periódico *Granma*, órgano oficial del
Partido Comunista de Cuba. Abril 30, 2011

Las acusaciones contra Carlos Alberto Montaner
puestas a circular por el gobierno cubano y sus
aliados   en Internet son innumerables, variadas y
continuas.

Article Discussion dit ▼ Search

WIKIPEDIA
The Free Encyclopedia

Carlos Alberto Montaner

From Wikipedia, the free encyclopedia

Main page
Contents
Featured content
Current events
Random article
Donate to Wikipedia

▼ Interaction
  Help
  About Wikipedia
  Community portal
  Recent changes
  Contact Wikipedia

▶ Toolbox

▶ Print/export

▼ Languages
  Español
  Italiano
  Português

This article needs additional citations for verification.
Please help improve this article by adding reliable references. Unsourced material may be challenged and removed. *(March 2010)*

Carlos Alberto Montaner (born 1943) is an exiled Cuban author and journalist known for his criticism of Fidel Castro. He has been published widely in Latin American newspapers, and published fiction and non-fiction books on Latin America. Since 2004 he has had a weekly column in the *Miami Herald*.

Contents [hide]
1 Background
2 Career
  2.1 1970s
  2.2 1980s
  2.3 1990s
  2.4 2000s
3 References
4 External links

Revolution of 1959, Montaner was imprisoned by the Cuban government on charges of participating in terrorist attacks and working with the CIA.[1] He later escaped from prison and left

working with the CIA.[1] He later escaped from prison and left Cuba.[2] He has lived in Spain since 1970.[3]

References

[edit]

1. ^ Jean-Guy Allard, cubaperiodista.cu, "Montaner, terrorista, Jefe Nacional de Acción y Sabotaje de un grupo mercenario de la CIA" ⧉, undated, originally from *Granma*

Una web es especialmente importante para el gobierno cubano: Wikipedia, una enciclopedia virtual de libre elaboración, consultada por la mayoría de los estudiantes y medios de comunicación del mundo, donde los funcionarios cubanos pueden escribir y reescribir con completa libertad las biografías de sus amigos y enemigos.

La principal fuente de los ataques contra Carlos Alberto Montaner lleva la firma de un periodista canadiense refugiado en Cuba, Jean Guy Allard.

La foto de la izquierda es del blog *El Republicano Liberal*. La de la derecha es la misma foto, editada para agregarle de fondo el logo de la CIA, y publicada en el blog *Cambios en Cuba* de Manuel Henríquez Lagarde con la reproducción de un artículo de Jean-Guy Allard.

En el blog *Cambios en Cuba*, Henríquez Lagarde publica también agresivos artículos en contra de la bloguera Yoani Sánchez y la prensa independiente en Cuba.

ACERCA DE LOS AUTORES

Rafael Rojas

Historiador y ensayista. Realizó estudios de Filosofía en la Universidad de La Habana y de Historia en el Colegio de México. Reside en México desde 1991, donde trabaja como profesor e investigador del Centro de Investigación y Docencia Económicas (CIDE) y colabora en las revistas *Vuelta, Nexos, Historia Mexicana, Encuentro del a Cultura Cuba* y *Apuntes Postmodernos*. Ha publicado varios libros. Ganó el Premio de Ensayo Isabel Polanco en el año 2009 con su obra *Repúblicas de aire: utopía y desencanto en la revolución de Hispanoamérica*.

Uva de Aragón

Escritora, periodista y profesora. Directora adjunta del Instituto de Investigaciones Cubanas (CRI) de la Universidad Internacional de la Florida (FIU) de 1995-2011. Editora Asociada de la revista académica *Cuban Studies* de 1998 a 2003. Ha publicado una docena de libros entre los que se destacan, las colecciones de artículos *Crónicas de la República de Cuba 1902-1958* (2009) y *Morir de exilio* (2006); los ensayos *El caimán ante el espejo. Un ensayo de interpretación de lo cubano* (1993) y *Alfonso Hernández- Catá. Un escritor cubano, salmantino y universal* (1996); y la novela *Memoria del silencio* (2002). Escribe una columna semanal para *Diario Las Américas*. Como experta en temas cubanos, a menudo es citada en la prensa de diversas partes del mundo. Recibió su doctorado de la Universidad de Miami.

Juan Antonio Blanco

Historiador y analista político. Es graduado de Filosofía de la Universidad de La Habana y tiene un doctorado en Historia de las Relaciones Internacionales. En Cuba fue miembro fundador de la Comisión Nacional para el Otorgamiento de Grados Científicos en la especialidad de Historia. Trabajó como profesor universitario de Filosofía, analista de política exterior para el Partido Comunista de Cuba y diplomático del gobierno cubano en Naciones Unidas. En 1992 fundó el Centro Félix Varela de Cuba. Ha sido Director Ejecutivo de Human Rights Internet en Canadá y prestado servicios de consultoría a redes de afro descendientes de la sociedad civil regional. Es Sub Director Visitante del Instituto de Investigaciones Cubanas (CRI) de la Universidad Internacional de la Florida. Ha impartido conferencias y publicado artículos y ensayos en varias revistas especializadas de las Américas y Europa. Es autor del libro *Tercer Milenio* (1994, 1995, 1998, 1999).

Ana Julia Faya

Analista y consultora política. Graduada de la Escuela de Letras y de Arte y del Curso de Instructores del Departamento de Filosofía de la Universidad de la Habana. En Cuba fue Investigadora Auxiliar en el Centro de Estudios sobre América (CEA); profesora invitada del Instituto Superior de Relaciones Internacionales (ISRI) y la Universidad de La Habana; funcionaria del Departamento América del Comité Central del Partido Comunista de Cuba; editora e investigadora en la Oficina de Publicaciones del Consejo de Estado; y editora principal de varias casas editoriales. En Canadá ha trabajado con la Fundación Canadiense para las Américas (FOCAL) y en asesoría de programas sobre Cuba. Ha publicado el libro *El despliegue de un conflicto* (1979), y numerosos artículos sobre Cuba y la región latinoamericana y caribeña en publicaciones de Estados Unidos, España, Canadá y América Latina. En la actualidad reside en Cornwall, provincia de Ontario.

Carlos Alberto Montaner

Es uno de los periodistas más leídos del mundo hispánico. La revista *Poder* calculó en seis millones los lectores que semanalmente se asoman a sus columnas y artículos, reproducidos en docenas de diarios y revistas. Ha publicado unos veinticinco libros de ensayos y narraciones. En el año 2007 recibió el «Premio a la Tolerancia» que concede la Comunidad Autónoma de Madrid, y en 2010 el «Premio Juan de Mariana en defensa de la libertad» que otorga anualmente el Instituto Juan de Mariana. Divide su tiempo entre Madrid y Miami.

Índice Onomástico

A

B

C

D